Astrid Schulte

# MEINE SCHNITZ WERKSTATT

## Mit 30 Schritt-für-Schrittanleitungen sicher schnitzen lernen

KOSMOS

**Astrid Schulte**
***Dipl.-Ing. Raumplanung, Journalistin und Naturpädagogin***

Seit meinem sechsten Lebensjahr schnitze ich begeistert und gebe mittlerweile regelmäßig Schnitzkurse. Mehr Infos zu meinem Kursangeboten gibt es unter www.mehr-wald.de.

Zuallererst möchte ich dem Kosmos Verlag und meiner Lektorin danken, die sich von meinen vielen Schnitzideen begeistern ließen. Die Ökostation Stuttgart, an der wir so unkompliziert fotografieren konnten, bot den absolut passenden Rahmen für alle Schnitzabenteuer.

Meinem Vater gebührt größter Dank. Er war es, der mir ein Taschenmesser und damit die Begeisterung für das Schnitzen schenkte.
Ohne die beständigen Spaziergänge wäre ich nie zur Naturpädagogik gekommen – vielen Dank an dich, Petra!
Allen anderen, die mit mir Zeit in der Natur und beim Schnitzen verbracht haben – ob groß, klein, alt oder jung – sage ich ebenso Danke, ihr habt mich alle sehr bereichert.
Mein besonderer Dank geht an die tollen Schnitzprofis aus diesem Buch: Carl, Johann, Josephine, Lia, Lucy, Lukas, Marta, Mia, Mona, Niklas, Oskar und Sarah.

**vhs Ökostation Wartberg** Ein Großteil der Fotos in diesem Buch wurde auf dem Gelände der Ökostation Wartberg in Stuttgart fotografiert. Der Naturgarten mit einer Vielzahl von heimischen Biotopen, einem Nutzgarten mit Mischkulturen, Kompostanlage und Hochstammobst, wurde als Lehr-, Lern- und Versuchsgarten der vhs stuttgart angelegt. Das Berücksichtigen natürlicher Zusammenhänge, das Beachten gegebener Standortbedingungen und das Schaffen von Vielfalt sind drei Grundprinzipien. Für die Betreuung der gesamten Anlage ist ein Arbeitskreis der vhs stuttgart verantwortlich.

**Opinel Messer hergestellt in Frankreich.** Edelstahlklinge aus modifiziertem 12C27-Sandvikstahl (Pos. 2-5). Edelstahl: innerer Ring, Fixierstift, äußerer Arretier-Ring (Virobloc). Messergriff: Buche mit Schutzlackierung (Pos. 1).

**Umschlaggestaltung** von Nakischa Scheibe, Lübeck, unter Verwendung eines Fotos von Westend61, photo.com (Vorderseite) sowie 2 Fotos von Heidi Velten (Junge mit Kreisel) und einem Porträtfoto von Astrid Schulte, privat.

**Mit Fotos von** Astrid Schulte: S. 2 (Porträt), S. 5, 7, 19 (Löffel), S. 6, 31, 35 (Kreisel), S. 31, 37 (Weidenring), S. 7, 23 (Gabeln), S. 77 (Hasel-, Holunder-, Weidenborke); Kristijan Matic: S. 21 (Birkenfüller), S. 36 (Holunderflöte), S. 70 (Holz spalten); S. 6, 7 dule964/fotolia.com (Stöcke), S. 2–13, 15, 73–78 Maksim Kostenko/fotolia.com (Hintergrund helles Holz), S. 17 + 51 harald biebel/fotolia.com (Gras); S. 19–29 elenathewise/fotolia.com (Hintergrund); S. 31–43 leksustuss/fotolia.com (Hintergrund), S. 45–57 emer/fotolia.com (Hintergrund), S. 46 vidady/fotolia.com (Kiefernrinde), lakeemotron: S. 74 (Stiel-Eiche Querschnitt), S. 76 (Buchenrinde); S. 75 emevil/fotolia.com (Holzfasern), S. 76 yarbeer/shutterstock.com (Birkenrinde), S. 76 Martina Berg/fotolia.com (Erlenrinde); Frank Hecker: S. 78 (Fichtenrinde); Gartenschatz: S. 78 (Kiefernrinde); Eggert-Baumschulen.de: S.78 (Tannenrinde); S. 79 pics-five/fotolia.com (Hintergrund Schnitzdiplom)

**Alle weiteren Fotos von Heidi Velten, Leutkirch.**

**Mit Illustrationen von** Marianne Golte-Bechtle: S. 35 (Spitzwegerich), S. 76 (Erle), S. 77 (Haselnüsse, Holunder, Weide), S. 78 (Kiefer); Sigrid Haag: S. 76 (Birke, Buche), S. 78 (Fichte); Gerhard Kohnle: S. 78 (Tanne)



Gedruckt auf chlorfrei gebleichtem Papier

FSC
www.fsc.org
MIX
Papier aus verantwortungsvollen Quellen
FSC® C020056


Pfizerstraße 5–7, 70184 Stuttgart

ISBN: 978-3-440-17714-3
Redaktion: Franka Nickel
Gestaltung & Satz: Andrea Köhrsen
Produktion: Verena Schmynec
Printed in China / Imprimé en Chine

## Dein Opinel

Diesem Buch liegt ein Opinel Kinderschnitzmesser bei.
Das Messer sollte bei normaler Verschmutzung einfach mit einem weichen, feuchten Tuch abgewischt werden. Bei stärkerer Verschmutzung kann das Messer auch mit etwas Wasser und Spülmittel gereinigt werden, falls nötig (zum Beispiel bei Harzflecken auf der Klinge) auch mit einer Reinigungsbürste.

Klappe das Messer erst in trockenem Zustand wieder zusammen.

Klappe die Klinge immer ein, bevor du das Messer weitergibst oder damit herumläufst.

Drehe an diesem Ring, um die Klinge zu fixieren: Sie kann dann beim Schnitzen nicht ungewollt einklappen.

## DIE KOSMOS-PLUS-APP

KOSMOS PLUS

Einige der Anleitungen in diesem Buch kannst du dir auch als Film ansehen. Astrid Schulte erklärt dir zum Beispiel die Schnitztechnik und wie man den Sausewind baut und benutzt. **Und so geht's:**

1. Besuche den App Store oder Google Play.
2. Lade die kostenlose App »KOSMOS PLUS« auf dein Smartphone oder Tablet.
3. Öffne die App und tippe auf das Cover von „Meine Schnitzwerkstatt", um die Inhalte herunterzuladen.
4. Auf den Seiten mit dem Sprechblasensymbol 001 erhältst du zusätzliche Informationen. Gib dazu den dort genannten Zahlen-Code, zum Beispiel 001, in die App ein.

**Mehr Informationen findest du unter: plus.kosmos.de**

## An die Stöcke, fertig, los!

Eigenes Spielzeug kannst du leicht aus Grünholz selbst schnitzen. Du hast unzählige Möglichkeiten, es zu verändern. Je öfter du einen Gegenstand schnitzt, desto besser wird er dir gelingen und du wirst deine eigene Schnitztechnik finden.

Bevor du losschnitzt, erfährst du in der Einleitung, welche Technik und welches Werkzeug für dich wichtig sind. Schau dir diese Informationen gemeinsam mit einem Erwachsenen an. Auch beim Schnitzen kannst du immer einen Erwachsenen um Hilfe bitten, so werdet ihr gemeinsam zu Schnitzprofis.

Auf den hinteren Seiten lernst du, welche Hölzer du zum Schnitzen verwenden kannst und woran du sie erkennst.

Wie dein Schnitzholz aussehen sollte und welche Werkzeuge du zusätzlich brauchst, findest du am Anfang jeder Schnitzanleitung im Materialkasten.

WIE VIEL ZEIT UND ÜBUNG DU BEI JEDER SCHNITZIDEE BRAUCHST, ERKENNST DU AN DEN SCHNITZMESSERN:

Sobald du richtig sitzt, kannst du direkt loslegen. Wenn du etwas geübt bist, schnitzt du weniger als eine halbe Stunde an deinem Gegenstand.

Das Schnitzen braucht etwas mehr Zeit und Feinarbeit. Manchmal benötigst du weiteres Werkzeug wie einen Kastanienbohrer. Du schnitzt ungefähr eine halbe bis eine Stunde an einem Gegenstand.

Nimm dir Zeit für das Schnitzen. Der Gegenstand, den du schnitzen möchtest, besteht aus mehreren Teilen und Arbeitsschritten. Eventuell benötigst du mehr Werkzeug als nur dein Schnitzmesser und Hilfe von einem Erwachsenen oder einem Freund.

## Jetzt geht es los!

Lerne erst die Schnitzregeln und die Schnitztechniken genau, suche dir einen passenden Sitzplatz und probiere die Schnitztechniken mit dem beiliegenden Messer aus. Wenn du Schwerter und Pfeil und Bogen schnitzt, zielst du damit nicht auf Menschen, genauso wie du dein Schnitzmesser nicht verwendest, um anderen wehzutun.

Das Schnitzabenteuer kann beginnen! Am besten startest du mit einem einfachen Schnitzgegenstand: der Gabel.

# DEIN SCHNITZWERKZEUG

Dein wichtigstes Werkzeug ist natürlich dein Schnitzmesser. Für viele Schnitzobjekte benötigst du aber zusätzliches Werkzeug, das du im Baumarkt kaufen kannst. Am besten fragst du vorher deine Eltern, was in eurer Werkzeugkiste bereits vorhanden ist.

## SCHNITZMESSER

Empfehlenswert ist das Kinderschnitzmesser von Opinel. Dieses hat eine abgerundete Klinge und ist ein gutes Schnitzmesser. Die Klinge sollte immer scharf sein, da du so weniger Kraft zum Schnitzen aufwenden musst und die Gefahr des Abrutschens verringert wird. Mit dem Feststellring fixierst du die Klinge, sodass sie beim Schnitzen nicht ungewollt einklappen kann.

## (KINDER-)SÄGE

Mit der Säge kannst du lange Äste kürzen. Manchmal ist es einfacher, erst an einem langen Stock zu schnitzen, der zum Schluss gekürzt wird, weil sonst der Platz für die haltende Hand fehlt. Richtig sägst du, wenn du den Stock auf einen Stein, Stuhl oder Baumstamm legst. Wähle die Höhe so, dass du noch leicht deinen Fuß mittig auf das Holzstück stellen kannst.

## MASSBAND

Was du immer dabeihaben solltest, ist ein Maßband, mit dem du die richtige Astlänge abmessen kannst. Auch ein Bleistift zum Markieren ist hilfreich.

## MESSER-SCHÄRFER

Scharfe Messer schneiden besser! Deshalb musst du dein Messer von Zeit zu Zeit schärfen. Am besten ist ein Messerschärfer mit Fingerschutz, sodass das Messer, wenn es abrutschen sollte, deine Hand nicht verletzt.

## SCHNUR

Ob Pfeil & Bogen, Sausewind, Jo-Jo oder Katamaran: Für viele Objekte brauchst du reißfeste Schnur in unterschiedlichen Stärken. Manchmal reicht schon ein dickeres Garn.

## KASTANIEN-BOHRER

Kleine und gut einsetzbare Bohrer sind die sogenannten Kastanienbohrer. Es gibt sie in unterschiedlichen Größen und Bohrstärken. Wenn du sie nutzt, halte deinen Schnitzgegenstand so, dass du dir nicht aus Versehen in Finger oder Handfläche bohrst.

## SCHERE

Manchmal ist eine Schere praktischer als dein Messer, zum Beispiel beim Zuschneiden von Birkenrinde oder Plastikplanen. Mit einer Gartenschere kannst du dünne Zweige kürzen.

## SCHLEIFPAPIER

Ob Löffel, Buttermesser oder Holunderkette: Schöner sehen die Schnitzobjekte aus, wenn sie abgeschmirgelt werden. Es gibt verschieden gekörntes Schleifpapier, mit dem du einen Schnitzgegenstand glätten kannst. Zusätzlich kannst du zum Beispiel den Löffel mit Olivenöl einreiben. Das schützt das Holz und lässt es glänzen.

## HANDBOHRER

Das Bohren mit dem Handbohrer ist fast wie Bohren mit der Bohrmaschine, bloß ohne Strom. Der Handbohrer kann mit verschiedenen Bohraufsätzen bestückt werden und ist daher für vieles einsetzbar. Das Holz sollte beim Arbeiten mit dem Handbohrer fest aufliegen.

# SCHNITZ-TECHNIK

## RICHTIG SITZEN

**Beim Schnitzen gilt immer: richtig sitzen!** Suche dir etwas, worauf du bequem sitzen kannst: einen Hocker oder Stein, eine Bank oder einen Baumstamm. Es ist wichtig, dass deine Füße fest auf dem Boden stehen, wenn du auf der Sitzkante sitzt. Das gibt dir sicheren Halt. Setze dich breitbeinig hin und beuge deinen Oberkörper nach vorn. Deine Unterarme liegen jetzt auf deinen Oberschenkeln. So kannst du vor deinem Körper zwischen deinen Beinen schnitzen, ohne dich zu verletzen.

Achte auch darauf, dass niemand in deiner Umgebung sitzt, den du mit deinem Messer treffen könntest. Eine Armlänge Abstand zum Sitznachbarn ist deshalb wichtig.

## DER FAUSTGRIFF

Nimm das Messer in die Hand, mit der du schreibst oder malst. Öffne die Klinge und lege deine Hand so um den Griff, dass sie sich zu einer Faust schließt. Das ist der Faustgriff. Die Klinge beginnt höchstens einen halben Zentimeter von deiner Faust entfernt. Das Messer liegt fest in deiner Hand. Mit dem Faustgriff brauchst du den geringsten Kraftaufwand beim Schnitzen.

## DIE HALTENDE UND DIE SCHNITZENDE HAND

Die Hand, die das Messer umgreift, ist deine schnitzende Hand. Die Klinge zeigt nach vorn, nie zu deinem Körper hin, und du schnitzt immer vom Körper weg. Deine andere Hand ist die haltende Hand. Sie umfasst den Stock, an dem du gerade schnitzt. Drücke die Messerklinge mit deiner schnitzenden Hand vorsichtig mit der scharfen Klingenseite in das Holz. Um zu schnitzen, ziehst du das Messer als Rechtshänder nach rechts, als Linkshänder nach links. Das Messer gleitet durch die obersten Holzschichten deines Holzstückes und du brauchst wenig Kraft.

**SCHNITZ-PROFI** Probiere es an einer Orange aus: Lege deine Messerklinge mit der scharfen Seite auf die Orange. Wenn du das Messer nur auf die Schale drückst, passiert nichts. Ziehst du das Messer seitlich nach rechts, oder als Linkshänder nach links, schneidet es tief in die Orangenschale. Genauso funktioniert es beim Schnitzen mit Grünholz.

## DIE SCHNITZRICHTUNG

Ganz wichtig ist die Schnitzrichtung, denn du schnitzt immer von deinem Körper weg und nicht in Richtung deiner haltenden Hand. Zusätzlich ist es hilfreich, wenn du die Holzmaserung beachtest. Wenn du mit den Holzfasern arbeitest, ist das Schnitzen sehr einfach. Schnitzt du gegen die Faser und damit quer zum Holz, ist das sehr anstrengend und kann dazu führen, dass dein Stock ausfasert oder reißt.

## DER SCHNITZWINKEL

Bei vielen Schnitzideen kannst du unterschiedliche Schnitztechniken anwenden, um dem Holz bestimmte Formen zu geben. Mit dem Ändern des Winkels der Messerklinge auf dem Holzstück kannst du grob oder fein schnitzen. Die Klinge liegt bei Feinarbeiten fast flach auf dem Holz: Die Späne werden dabei so dünn, dass sie sich kringeln. Beim groben Schnitzen steht die Klinge in einem größeren Winkel auf dem Schnitzholz. Dafür benötigst du mehr Kraft. Den Kraftaufwand kannst du durch das seitliche Wegziehen des Messers ausgleichen.

## DER DAUMENDRUCK

Drückst du den Daumen deiner haltenden Hand auf die stumpfe Klingenoberseite und bewegst das Messer in kleinen Schritten nach vorn, kannst du sicher und viel genauer schnitzen. Den Daumendruck kannst du anwenden, wenn du einen Ast verzieren oder ausdünnen möchtest.

## SPALTEN VON ÄSTEN

**Kleine Äste kannst du mit deinem Schnitzmesser spalten. Dazu benötigst du lediglich einen weiteren Ast als Hammer.**

1. Du legst die Messerklinge auf die Anschnittstelle deines Holzes. Deine haltende Hand oder die eines Freundes sollte den Stock nie unterhalb des Messers umgreifen.

2. Drücke die Klinge des Messers so fest auf den Stock, dass er ein Stück eingeschnitten wird.

3. Jetzt schlägst du langsam mit dem zweiten Ast auf die stumpfe Klingenoberseite deines Messers. Die Klinge gleitet nach und nach durch das Holz: Das ergibt zwei Holzhälften.

## VERZIERUNGEN UND RINGE

**Es ist ganz einfach, Ringe in die Rinde zu schnitzen.**

1. Dazu legst du das frische Holzstück auf den Boden und setzt das Messer fest an der Stelle an, die du verschönern möchtest.

2. Dann drehst du den Ast vorsichtig, bis ein Ring entsteht. Den zweiten Ring setzt du im Abstand von 1 cm daneben.

3. Nimm den Stock in die haltende Hand und entrinde den Zwischenraum der beiden Ringe vorsichtig, ohne dass du zu viel Rinde wegschneidest. Dabei hilft dir der Daumendruck.

Du kannst die Ringe auch schräg in den Stecken schneiden. So ergibt sich eine tolle Rindenspirale.

# NÜTZLICHE KNOTEN

Schlaufe mit Knoten (einfacher Schlag)

## DER DOPPELTE SCHLAG

Der wichtigste Knoten, der in diesem Buch verwendet wird, ist der doppelte Schlag. Wenn du deine Schuhe zubindest, fängst du mit einem einfachen Schlag, also Knoten, an. Für den doppelten Schlag kommt noch ein Knoten dazu. Wenn du deine Schuhe schnürst und auf dem doppelten Schlag die Schleife machst, ist der Schuh bestens verschnürt.

## DIE SCHLAUFE

Mit Knoten kannst du auch eine Schlaufe entstehen lassen. Sie ist wichtig, wenn du Schnur – wie beim Trinkbecher oder der Möwenpfeife – um mehrere Gegenstände spannen möchtest, damit sie besser zusammenhalten. Die Schlaufe legt sich um die Stöcke. Binde noch einen doppelten Schlag auf die zusammengezogene Schlaufe, schon hält der Knoten.

## DER PALSTEK

Dieser Knoten ist stabil und lässt sich nach Gebrauch sehr leicht wieder öffnen. Er besteht aus einer Schlaufe, die sich nicht zusammenzieht. Damit kannst du zum Beispiel deine Schnur am Bogen spannen. So geht's:

1. Du legst mit dem kurzen Ende der Schnur eine Schlinge. Dann steckst du das Schnurende durch die Schlinge und führst es hinter der Restschnur herum.

2. Ziehe das Schnurende wieder durch die gleiche Schlinge nach unten und ziehe die Schlinge anschließend an beiden Enden zu. Fertig ist der Palstek.

# DIE 6 SCHNITZ-REGELN

001

## 1. BEIM SCHNITZEN GILT IMMER: RICHTIG SITZEN!

Suche dir zum Schnitzen einen festen Platz, zum Beispiel einen Baumstamm, auf dem du sicher und bequem sitzen kannst.

## 2. EINE ARMLÄNGE ABSTAND

Halte immer eine Armlänge Abstand zu deinem Sitz- oder Schnitznachbarn. Strecke zur Probe deine schnitzende Hand ohne das Messer aus. Du darfst mit der ausgestreckten Hand niemanden berühren. Ist der Abstand groß genug, kann das Schnitzabenteuer losgehen.

## 3. VON DIR WEG SCHNITZEN

Schnitze mit dem Schnitzmesser immer von dir und deiner haltenden Hand weg. Auf diese Weise kannst du Verletzungen vermeiden.

## 4. MESSER SCHLIESSEN UND WEITERGEBEN

Wenn du dein Schnitzmesser nicht gebrauchst, kannst du es schließen. Nimm dafür den Griff in die Hand und klappe die Klinge zurück. Achte darauf, dass du deine Finger nicht vor den Schlitz im Messergriff hältst. Wenn jemand dein Messer für Schnitzarbeiten benötigt, schließe es zuerst und gib es geschlossen an den anderen weiter. Laufe nicht mit geöffnetem Messer herum.

## 5. SCHARFE KLINGE

Die Klinge deines Schnitzmessers soll scharf sein. Stumpfe Messer ermüden dich schnell, da du mit ihnen viel mehr Kraft benötigst. So macht Schnitzen keinen Spaß. Außerdem kannst du dich beim Abrutschen mit einem stumpfen Messer stärker verletzen als beim Schnitzen mit scharfer Klinge, weil du mit mehr Kraft schnitzt.
Ob dein Messer scharf ist, kannst du testen, indem du es durch ein Stück Papier gleiten lässt, das deine Eltern festhalten. Schneidet das Messer ganz leicht durch das Papier, ist es sehr scharf. Reißt das Papier ein, solltest du dein Messer schärfen, denn es ist stumpf. Das geht am besten mit einem Messerschärfer (S. 9).

## 6. LEBENDE BÄUME SIND TABU!

Lebende Bäume und Sträucher darfst du mit deinem Schnitzmesser nicht anritzen. Die Baumrinde, in die du schneidest, schützt den Baum zum Beispiel vor Krankheiten oder Hitze. In einigen äußeren Rindenschichten werden in feinen und sehr langen Kanälen, den Kapillaren, Wasser und Nährstoffe in den Baumwipfel transportiert. Diese wichtigen Bahnen können beim Einritzen durchtrennt werden und der Baum kann absterben.

# MIT KINDERN SCHNITZEN

Erleben Sie zusammen mit Kindern Spaß am Schnitzen. Die Schnitzgegenstände sind so erklärt, dass Kinder die meisten allein fertigen können. An manchen Stellen, wie beispielsweise beim Sägen, brauchen sie die Hilfe einer erwachsenen Person.

# INFOS FÜR DIE GROSSEN

Bevor das Schnitzabenteuer beginnt, sollten die Schnitzregeln und die Schnitztechnik gemeinsam gelernt und geübt werden.

Lassen Sie Kinder zu Anfang nicht ohne Aufsicht schnitzen. Erst wenn Regeln und Schnitztechnik bekannt sind, sollten Kinder allein mit dem Schnitzmesser arbeiten dürfen. Ab welchem Alter Kinder schnitzen können, hängt von ihren individuellen motorischen Fähigkeiten ab.

In diesem Buch werden Schnitztipps für Grillstelle, Bach und See gegeben: Beaufsichtigen Sie Kinder speziell beim Umgang mit Feuer und am Wasser besonders aufmerksam.

## ERSTE HILFE

Falls beim Schnitzen eine Verletzung passiert, kann man die Wunde unter sauberem, fließendem Wasser gut reinigen. Bevor ein Pflaster aufgeklebt wird, desinfiziert ein Wundheilspray die Wunde. Ein Pflaster oder Klebeband um Daumen und Zeigefinger der haltenden Hand beugt Verletzungen vor, schränkt aber auch die Bewegungsfreiheit ein.

Die vorgestellten Schnitzideen sind eine Anregung für Kinder, sie können weiterentwickelt und verfeinert werden. Schnitzholz findet sich am einfachsten beim Grünschnitt in Gärten oder im Wald. Welche Hölzer und Werkzeuge zum Schnitzen verwendet werden können, wird im Theorieteil erklärt und bei jeder Schnitzidee im Werkzeugkasten gezeigt.

Auf Seite 50 ist ein Tipp enthalten, wie Sie gemeinsam mit Kindern ein großes Boot aus Gras und Plane bauen können. Das Boot trägt tatsächlich kleine und große Menschen und ist ein schönes Familienabenteuer, bei dem alle eine große Portion Vitamin N abbekommen können: N wie Natur.

# EIN FESTMAHL WIE BEI ROBIN HOOD

Durch den Wald streifen und auf Bäume klettern ist ein großes Abenteuer. Beim nächsten Ausflug kannst du Äste sammeln und daraus leicht etwas Eigenes schnitzen.

# BEIM GRILLFEST

Feuer machen ist eine Kunst, versuche es nur mit einem Feuerstahl oder Feuerstein. Dafür brauchst du trockenes Holz in allen Größen. Wenn du beim Sammeln die Augen offen hältst, findest du auch jede Menge Grünholz zum Schnitzen ... und daraus sind dann Gabel, Buttermesser oder Löffel schnell geschnitzt: Fertig ist dein Grillbesteck.

Du brauchst:

Haselholz oder Schwarzerle
|← ca. 20 cm →| Ø 2 – 3 cm

3.

002

# BUTTER MESSER

**Ein Messer aus Holz? Ja, genau. Und je sorgfältiger du die Klinge schnitzt, desto schärfer wird dein Messer.**

**1.** Schneide mit der Säge ein 20 cm langes Stück von einem Erlenstecken ohne Verzweigungen ab. Markiere mit dem Messer die Mitte des Astes mit zwei Rindenringen. Einen weiteren Ring schneidest du im Abstand von 1 cm rechts daneben in den Ast.

1.

**2.** Nimm deinen Buttermessergriff in die haltende Hand und löse vorsichtig mit dem Daumendruck die Rinde zwischen den linken Ringen.

**3.** Schnitze dann die Klingenseite deines Buttermessers. Halte dazu das Aststück am Rindengriff fest und schnitze ab dem dritten, letzten Rindenring die Klingenseiten. Achte darauf, dass du immer von dir weg schnitzt. Auf beiden Holzklingenseiten sollte gleich viel geschnitzt werden. Drehe dazu den Ast immer ein wenig. So nimmt er langsam die Form eines Messers an. Wie dein Schnitzmesser bekommt das Buttermesser auch eine scharfe und eine stumpfe Klingenseite: Schnitze dafür das Holz der scharfen Holzklinge dünner als das der stumpfen Seite.

## ZEICHENKOHLE AUS WEIDE

Aus Weidenzweigen kannst du am Lagerfeuer Zeichenkohle machen. Entrinde einen Weidenzweig und schneide ihn auf die Länge einer kleinen Blechdose in mehrere Aststücke. Die Äste legst du in die Dose und verschließt diese. Schlitze ein kleines Loch in den Deckel und ab mit der Dose in die Glut. Nach ca. 15 Minuten sind die Zweige verkohlt und du kannst die Dose mit Ästen vorsichtig aus der Glut ziehen und abkühlen lassen.

**4.** Um bei deinem Buttermesser am Übergang zwischen Griff und Klinge die Kerbe zu formen, wendest du den Daumendruck an. Je flacher und dünner du deine Buttermesserklinge schnitzt, desto besser kannst du damit streichen. Sogar Gurken, Äpfel, Möhren und Bananen lassen sich mit deinem Messer schneiden.

**5.** Du bist fast fertig: Das Griffende kannst du noch etwas abrunden und mit Schmirgelpapier glätten. Schon ist dein Buttermesser geschnitzt.

## BIRKENFÜLLER

Wie du einen Birkenfüller bastelst, siehst du im Film 003.

003

**TIPP** Das Buttermesser ist ein schönes Geschenk. Es kostet nichts, ist sehr praktisch und noch dazu von dir selbst geschnitzt.

**Du brauchst:**

1 Astgabel (Buche, Hasel oder Erle)

|← ca. 20 cm →|
Ø 1 – 2 cm

# GRILL GABEL

**Mit dieser Gabel fallen auch lange Würstchen nicht ins Feuer. Oder du grillst gleich zwei Marshmallows auf einmal.**

**1.** Suche dir einen Buchen- oder Erlenast mit einer Astgabelung. Der Griff sollte 20 cm lang sein, die beiden Zweig- bzw. Gabelenden jeweils 10 cm. Entrinde den Ast an den Gabelstücken und spitze sie an, damit dein Grillgut nicht herunterfallen kann.

**TIPP** Noch schneller geht es, wenn du die zusammengebundene Gabel in ein Wasserglas stellst und 20 Minuten wässerst. Lege sie danach zum Trocknen auf die Heizung oder in die Sonne.

**2.** Die Astgabel bindest du jetzt mit einer Schnur zusammen und lässt sie in der Sonne trocknen. Das Wasser aus dem Holz verdunstet und so bleiben die Gabelzinken von alleine stehen.

**3.** Nach dem Trocknen entfernst du die Schnur. Die beiden Gabelzinken, die vor dem Schnitzen in zwei verschiedene Richtungen zeigten, stehen jetzt wie bei der Gabel nebeneinander.

# GABEL
## AUS SCHWARZERLE

**Du brauchst:**

Haselholz oder Schwarzerle

|← 20 – 30 cm →|
Ø 1 – 2 cm

**TIPP** Bohre in den Griff der Gabel ein Loch und fädele eine Schnur hindurch – dann kannst du deine Gabel aufhängen!

**Nicht nur für Bleistifte gut – das weiche, zähe Holz der Schwarzerle ist auch für diese praktische Gabel super geeignet.**

**1.** Schneide mit dem Messer ungefähr 5 cm vom Rand entfernt einen Ring in die Rinde. Entrinde den Ast ab diesem Ring bis zum Stockende. Jetzt wendest du den Daumendruck an, damit dein Ast am Ende wie ein Schlitzschraubenzieher aussieht und am Stockende dünner wird.

**2.** Nun beginnst du mit den Gabelzinken: Lege das Holz so auf den Boden, dass eine der flachen Seiten, die du gerade geschnitzt hast, nach oben zeigt. Suche auf der abgeflachten Seite die Jahresringe des Baums. Am zweiten Jahresring setzt du das Messer mit der Spitze an. Drücke es leicht schräg in die flache Seite und bewege es wie einen Hebel. So geht es leichter.

**3.** Ist das Holz durchtrennt, wiederholst du den Schritt ein kleines Stück daneben. So entsteht ein dreieckiger Holzzapfen, den du leicht herausdrücken kannst. Links und rechts stehen jetzt die beiden Gabelzinken.

**4.** Spitze die Zinken an, damit sie Essen aufspießen können. Verziere den Griff, wie es dir gefällt. Schneide zum Beispiel in der Astmitte verschiedene Ringe in die Rinde. Dazwischen entfernst du die Rinde und dünnst das Holz mit dem Daumendruck aus.

2.

3.

1.

**Du brauchst:**

1 rundes Stück Birkenrinde
Ø 15 – 20 cm

2 Buchenzweige
|← 6 cm →|

# BECHER AUS BIRKENRINDE

**Aus Birkenrinde, die du in jedem Wald findest, kannst du praktisches Geschirr basteln. An jungen, gefällten Birken ist die Rinde sehr dünn und weiß. Du kannst sie leicht abziehen.**

**1.** Schneide mit dem Messer einen Kreis in ein abgezogenes Stück Birkenrinde. Der Kreis sollte größer sein als dein geöffnetes Schnitzmesser.

**2.** Schnitze zwei ca. 6 cm lange Stückchen Buchenzweig, die als Klammer den Becher halten werden. Schneide einen Schlitz in die Buchenzweige: Drücke dazu das Messer auf einer Astseite in den Zweig – es darf nicht weiter als 2 cm in den Zweig gleiten. Wiederhole diese Schritte für die andere Klammer.

**3.** Jetzt geht es an den Becher: Halte die Birkenrinde so in deinen Händen, dass die Rindenaußenseite nach unten zeigt. Drücke die Rinde nach innen zusammen, sodass ein kleiner Kegel entsteht. Du wirst sehen, dass die Rinde sich an einer Stelle überlappen wird. Knicke diese Überlappung nach innen ein und setze die beiden Buchenklammern auf die Überlappung. Wenn du Wasser in deinen neuen Rindenbecher füllst, kannst du daraus trinken.

3.

**Du brauchst:**

1 viereckiges Stück Birkenrinde ca. 10 x 15 cm

4 Buchenzweige |← 4 cm →|

# SCHALE AUS BIRKENRINDE

**Ein prima Schälchen zum Beerensammeln!**

**1.** Suche im Wald eine gefällte Birke mit möglichst junger weißer Rinde. Schneide mit deinem Messer ein 10 mal 15 cm großes Viereck in den liegenden Stamm oder Ast. Versuche, das Stück Rinde vorsichtig vom Baum zu lösen. Um die Rinde später festzuklemmen, schneidest du wieder 4 Buchenzweige ein, höchstens 2 cm tief.

**2.** Die herausgeschnittene Birkenrinde legst du auf den Waldboden, sodass die weiße Rindenseite nach oben zeigt. Falte an jeder Seite die Rinde circa 1,5 bis 2 cm nach innen. An den vier Ecken überkreuzen sich jetzt die Faltungen. Lege das Rindenstück hochkant: Die längeren Seiten zeigen nach links und rechts, die kürzen Seiten nach oben und unten.

**3.** Alle Ecken haben nun zwei Faltkanten. Schneide die zwei Faltkanten auf der längeren Rindenseite mit dem Messer ein.

**TIPP** Probiere es mit einer halben Seite DIN-A4-Papier aus! Falte es wie oben beschrieben und schneide es an den Seiten ein. Stecke dann die vier Seiten mit Heftklammern zusammen.

**4.** Die Rinde am oberen und unteren Ende faltest du an den Faltkanten entlang nach innen. Die überstehende Rinde wird ebenfalls nach innen geklappt. Mit den gespaltenen Buchenzweigen befestigst du die aufgestellte Rinde, die jetzt die Seiten deines Schälchens bildet.

Du brauchst:

Fichtenspitze

|← ca. 20 cm →|

mit mindestens 5 abgehenden Zweigen

004

# WEIHNACHTSBAUM QUIRL

**Unsere Weihnachtsbäume sind meist Tannen und Fichten. Nach den Weihnachtsferien werden sie auf den Sammelstellen entsorgt – eine wahre Fundgrube! Denn aus Fichtenspitzen kannst du neue Gegenstände wie einen Quirl schnitzen.**

1. Um ihn zu schnitzen, suchst du dir eine Fichte, die eine ca. 20 cm lange Spitze und an der ersten Gabelung, dem Zweigring, möglichst viele abgehende Zweige hat. Fünf Zweige sollten es sein, damit der Quirl gut funktioniert. Unterhalb des ersten Zweigringes sägst du den Zweig ab. Die abgehenden Zweige kannst du auf ca. 5 cm Länge schnitzen oder sie absägen – je nachdem, wie dick sie sind.

2. Mit dem Schnitzmesser entfernst du nun vorsichtig die trockenen Fichtennadeln und die Rinde. Das gelingt dir am besten, indem du die Messerklinge flach über die Rinde gleiten lässt. Ein Handschuh schützt deine haltende Hand, denn Fichtennadeln piksen. Hast du den Zweig von Nadeln und Rinde befreit, kannst du die Enden der fünf Zweigspitzen und den Quirlgriff rund schnitzen.

**Mit deinem Quirl, auch Schneebesen genannt, kannst du ohne Strom Kuchenteig anrühren oder Eier und Sahne schlagen.**

**INFO** Die Stelle, an der bei einem Nadelbaum die Äste ringförmig wachsen, nennt man Zweigring.

Du brauchst:

Fichtenspitze
Stift
evtl. Bohrer

# FANTASIE WESEN

**Kennst du „Die unendliche Geschichte“ von Michael Ende? Aus Weihnachtsbaumspitzen kannst du Wesen wie Fuchur schnitzen.**

1. Schneide einen Ast ab, von dem in der Mitte fünf bis sieben Zweige abstehen. Lasse vier Zweige als Ohren und Flügel stehen und schneide die restlichen mit Messer oder Säge ab.

2. 2 cm unterhalb der Zweige schnitzt du das dicke Stück rund. Das wird der Kopf. Erfinde ein spannendes Gesicht für Fuchur, das du mit einem Stift aufmalst. Das obere, dünne Astende kannst du spitz schnitzen. Gestalte nun die Flügeläste und Ohren, wie du sie dir vorstellst.

## KLEINE UNGEHEUER

Die dickeren Zweigringe der Fichte lassen sich prima in zähnefletschende kleine Ungeheuer verwandeln! Abgehende Zweige sind Beine und Arme des Monsters. Säge den Ast 10 cm oberhalb und 2 bis 3 cm unterhalb des Zweigringes ab. Das dicke Ende wird der Kopf, das dünnere der Körper. Schnitze das Ungeheuer so fertig, wie du es dir vorstellst. In Bohrlöcher gesteckte Stoßzähne verwandeln deine Figur in ein richtiges Ungeheuer.

**Fuchur, der weiße Glücksdrache**

# GEBRANNTER LÖFFEL

**Bei diesem Schnitzwerk geht es heiß her! Lasse dir ab Schritt zwei von einem Erwachsenen helfen.**

**Du brauchst:**

Birken- oder Erlenholz
|← ca. 25 cm →| Ø ca. 5 cm

1 großer Stock
zum Spalten

1 kleiner Stock
zum Halten der Glut

Glut aus dem Grill

Grillzange oder
feuerfester Handschuh

**1.** Suche dir ein Stück Erlenholz ohne Verzweigungen. Säge es auf 25 cm Länge und spalte es. Die eine Holzhälfte legst du beiseite, die andere nimmst du in deine haltende Hand.

**2.** Mit einer Grillzange oder einem feuerfesten Handschuh legt ihr ein kleines Stück Glut von der Grillstelle auf dein Holzstück. Auch wenn du gerade nicht schnitzt, solltest du die Beine breit auseinanderstellen. Falls etwas Glut herunterfällt, trifft sie nicht deine Oberschenkel oder Schuhe. Die Glut sollte mittig auf dem Holz aufliegen und ca. 8 cm vom Astrand, der deiner haltenden Hand gegenüberliegt, entfernt sein.

**3.** Drücke das Glutstück mit dem Stöckchen fest auf das Holz. Puste kräftig auf die Glut, so brennt sie sich in das Holz. Das dauert ein bisschen. Du kannst aufhören zu pusten, wenn du fühlst, dass die Holzunterseite der Glutmulde warm wird. Nimm dann vorsichtig die Kohle herunter. Die frisch gebrannte Löffelmulde kratzt du mit dem Stöckchen aus.

4. Bist du damit fertig, geht es ans Schnitzen. Du drehst das Holzstück in deiner Hand, sodass du den Daumen deiner haltenden Hand in die Löffelmulde legen kannst. Schnitze vorsichtig von der Mulde aus das längere Ende des Stocks. So entsteht der Löffelstiel. Damit der Stiel direkt unterhalb der Löffelmulde dünner wird, schnitzt du mit dem Daumendruck. Drehe die Messerklinge dabei leicht nach oben. Der Stiel kann rund, flach oder eckig geschnitzt werden.

5. Ist der Stiel fertig, drehe den Löffel um. Du kannst das überstehende Griffstück knapp über dem Muldenrand absägen oder schnitzen. Danach rundest du den Löffel ab, indem du mit deinem Messer in kleinen Schritten um die Löffelrundung herumschnitzt. Die Unterseite schnitzt du dünn, denn sonst passt der Löffel nicht in den Mund.

6. Mit Schleifpapier kannst du dem Löffel noch eine glatte Oberfläche schmirgeln: Bewege es in der Löffelmulde hin und her, bis die Mulde fein geschliffen ist. Schleife auch den Löffelgriff ab. Wenn du möchtest, kannst du ihn zum Beispiel mit Olivenöl einreiben, das schützt das Holz und der Löffel glänzt.

## ABENTEUER-MUFFINS

Teile eine Orange und löffle die Hälften sauber mit deinem Löffel aus. Dann kannst du jede Hälfte bis zur Mitte mit Waffelteig füllen und in die Grillglut legen. Mit einem feuerfesten Handschuh kannst du oder ein Erwachsener die Orange ab und zu um die eigene Achse drehen. Die Schale wird schwarz, der Teig in ihr jedoch normal gebacken.
Nach 10 bis 15 Minuten kannst du den Muffin auslöffeln.

# SCHNITZE DIR DEIN SPIELZEUG SELBST

Nach dem Festschmaus beim Grillfest wird nicht lange ausgeruht – jetzt ist Zeit zum Spielen! Schaue dich um in Wald oder Garten. Dort findest du das passende Holz für dein Spielzeug.

# DEIN SPIELZEUG

Wer trifft die meisten Stöcke beim Wurfspiel und wer kann am lautesten auf der Holunderflöte spielen? Auch auf der Autorennstrecke durch den Wald warten viele Abenteuer.

# WURFSPIEL

## MIT WEIDENRINGEN

**Das Wurfspiel ist ein sehr altes Kinderspiel, bei dem Ringe auf Zielstöcke geworfen werden.**

**1.** Schnitze zuerst die Zielstöcke: Du brauchst dafür einen Ast ohne Verzweigungen. Diesen spitzt du auf einer Seite an, sodass er sich gut in den Boden drücken lässt. Verziere den Wurfstock mit Ringen oder Längslinien, indem du die Rinde entfernst. So kannst du Stöcken unterschiedliche Punktwerte zuordnen.

**Du brauchst:**

gerade Äste (von Hasel, Birke oder Buche)
|← 30 cm →|
Ø ca. 1 cm

Weidenzweige
|← mind. 150 cm →|
Ø 0,5 cm

**2.** Wurfringe bastelst du aus dünnen, langen Weidenzweigen. Weiden werden im Frühjahr zurückgeschnitten und lassen sich ganz leicht flechten. Entferne die Blätter vom Weidenzweig. Das geht leicht, wenn du den Stock auf den Boden stellst und ihn oben festhältst. Unterhalb deiner haltenden Hand legst du die Klinge flach an die Rinde, die scharfe Klingenseite zeigt nach unten. Schneide jetzt an der Rinde entlang nach unten. Drehe den Zweig so lange, bis keine Blätter mehr an der Rinde hängen.

**3.** Drehe den blattfreien Zweig zu einem großen Ring zusammen. Der Ring sollte so groß sein wie dein ausgeklapptes Taschenmesser. Mit zwei kurzen Schnüren kannst du die beiden Enden verknoten. Dafür benutzt du den doppelten Schlag.

**4.** Wenn du mindestens einen Wurfring pro Spieler gebastelt hast, kann es losgehen: Stecke einen oder mehrere Zielstöcke ins Gras. Entferne dich fünf bis zehn Schritte davon und versuche, einen Ring über einen Zielstock zu werfen. Gelingt dir das gleich beim ersten Mal?

## NATUR-MIKADO

Gestalte dein eigenes Natur-Mikado! Du suchst dir 10 bis 15 gleich lange dünne, gerade Zweige. Auf der einen Seite spitzt du sie an wie einen Bleistift. Auf der gegenüberliegenden Seite verzierst du die Stöcke mit Ringen. Diese stehen für die unterschiedlichen Punkte. Ein Ring bedeutet 5 Punkte, zwei Ringe geben 10 Punkte, drei Ringe stehen für 15 Punkte und so weiter. Jetzt kannst du im Garten oder Wald Mikado spielen.

**Du brauchst:**

1 Haselscheibe
Ø 3 – 5 cm
|← maximal 1 cm →|
1 Buchenzweig
|← 5 cm →|

# KREISEL

**Auf geht's zur Kreisel-Meisterschaft! Wer hat den Dreh raus? Bunt bemalt sehen die Kreisel noch schöner aus.**

1. Säge von einem Haselstock eine Scheibe ab. Die Scheibe sollte mindestens so groß sein wie der Kreis, der entsteht, wenn du deine Daumen- und Zeigefingerspitzen aneinanderlegst. Sie sollte maximal 1 cm dick sein.

2. Schnitze die Kanten der Scheibe mit deinem Schnitzmesser rund. Nimm dazu die Scheibe in die haltende Hand und führe das Messer vorsichtig über den Scheibenrand. Das ist nicht ganz einfach, weil die Scheibe sehr klein ist. Du solltest immer aufpassen, dass du von dir weg schnitzt, niemals zu deiner Hand hin. So rundest du sie nach und nach ab. Schnitze die Scheibe auf beiden Seiten rund.

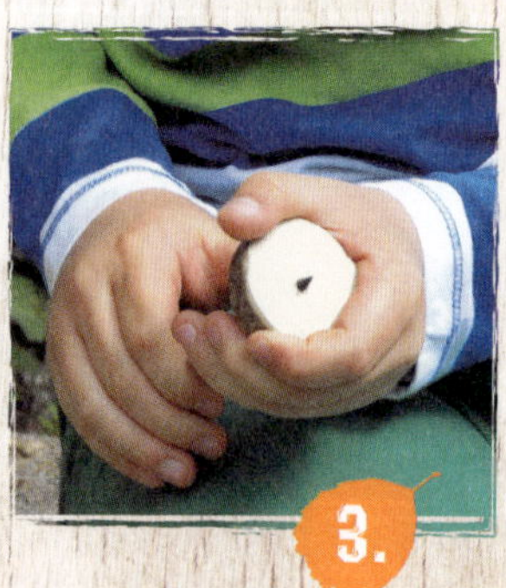


3. Nun brauchst du den Kastanienbohrer. Nimm die Scheibe so zwischen Zeigefinger und Daumen, dass der spitze Bohrer nicht deine Handfläche treffen kann. Bohre dann in die Mitte der Holzscheibe ein Loch.

4. Entrinde einen kleinen, geraden Buchenzweig. Buchenholz hat einen dünnen Markkanal. Das ist vorteilhaft, weil du den Zweig dadurch besser anspitzen kannst. Schneide mit dem Messer ein 5 cm langes Stück ab, das in das Haselscheibenloch passt, ohne hindurchzurutschen. Diesen Buchenstift spitzt du an einem Ende leicht rundlich an, das sieht aus wie ein stumpfer Bleistift.

**TIPP** Wie lange dreht sich der Kreisel? Du kannst ihn justieren, das heißt, exakt einstellen. Drücke dazu den Stift nach oben oder unten durch das Loch. Das bewirkt, dass sich der Kreisel noch besser, schneller, leichter und länger dreht.

5. Schiebe den Stift durch das Loch in der Haselscheibe. Das stumpfe Stück schaut unten nur 0,5 cm aus dem Loch heraus. Das längere und dünnere Zweigstück oben ist der Griff deines fertigen Kreisels.

6. Deinen Kreisel kannst du mit einem Stift oder mit Wasserfarben anmalen. Die Verzierungen sehen besonders schön aus und fließen ineinander, wenn sich der Kreisel dreht.

## ERSTE HILFE: SPITZWEGERICH

Du bist unterwegs und hast kein Pflaster dabei? Erste Hilfe bietet bei Wunden und Insektenstichen der Spitzwegerich. Man findet ihn auf fast allen Wiesen oder am Wegesrand. Du kannst frische, saubere Blätter zwischen den Handflächen zerreiben und auf die Wunde auftragen. Der grüne Saft wirkt blutstillend und abschwellend. Und das Beste: Er brennt nicht und ist hautverträglich!

# HOLUNDER FLÖTE

005

**Du brauchst:**

1 Holunderstück
|← ca. 10 cm →|
Ø ca. 1 cm (Markkanal)

1 Zweig (Mundstück: Hasel, Buche, Weide, Birke)
|← 2 – 3 cm →|
Ø passend zum Markkanal

1 dicker Ast zum Spalten

**Flöten kannst du aus allen Hölzern schnitzen, die innen hohl sind. Beim Holunder lässt sich das dicke Mark gut entfernen.**

**1.** Säge ein 10 cm langes und gerades Stück von einem Holunderast ab. Jetzt höhlst du mit einem dünnen Stock oder einem Bohrer das weiche Mark aus dem Inneren des Astes. Das ist sehr einfach. Der Ast muss sauber ausgehöhlt sein. Es dürfen keine Markreste zu sehen sein. Puste ab und zu durch das entstandene Rohr, damit es richtig sauber wird.

**Übe den Kerbschnitt an einer Möhre.**

**2.** Entscheide, welche Seite das Mundstück werden soll, und entrinde sie auf einer Länge von 3 cm vom Astende ausgehend.

**3.** Nun legst du das Holunderstück auf eine feste Unterlage. Halte den Ast gegenüber der Mundstückseite fest. 1,5 cm vom Außenrand der Mundstückseite schneidest du zwei Kerben ins Holz. Die erste Kerbe schneidest du gerade in das Holz. Bewege das Messer dafür ein paarmal wie einen Hebel hin und her. Da das Mark im Ast fehlt, solltest du nicht zu stark drücken, damit das Holz nicht bricht.

**4.** Die zweite Kerbe setzt du 0,5 cm vor dem geraden Schnitt an. Sie muss schräg eingeschnitten werden. Schneide so lange, bis ein Loch im Holz entsteht.

6.

**5.** Um das Mundstück fertigzustellen, brauchst du einen kleinen Zweig. Er sollte so dick sein, dass er genau in das ausgehöhlte Mundstück passt und nicht herausrutscht. Teste, welches Holz dafür am besten geeignet ist. Entrinde den Zweig und säge ihn so, dass er genau von der Außenkante des Holunderastes bis zur geraden Kerbe reicht.

**6.** Das kleine Aststück wird nun aufrecht hingestellt und gespalten. Stelle dir vor, du schneidest das Holz in drei gleich große Teile. Setze das Messer nach dem ersten Teil an und spalte es dort. Das größere Stück ist der Mundstückeinsatz für das Holunderholz. Er sollte an der Schnittkante absolut faserfrei sein. Halte ihn gegen das Licht und entferne die überstehenden Fasern. Schiebe nun das Mundstück in den Holunderast, passend bis zur geraden Schnittkante. Drücke den Zweig nicht mit Gewalt in das Mundstück, die Flöte kann sonst brechen.

**TIPP** Funktioniert die Flöte nach ein paar Tagen nicht mehr, da das Mundstück trocknet und dadurch kleiner wird, schnitzt du einfach einen neuen Mundstückeinsatz.

**7.** Wenn du deinen Daumen hinten auf die offene Seite drückst und in das Mundstück bläst, kannst du ein Lied auf deiner Holunderflöte spielen. Verschönere sie, indem du den Holunderast entrindest oder Streifen und Ringe hineinschneidest.

# RENN AUTO

**Baue dir einfach deine eigenen flotten Flitzer!**

**1.** Für die Karosserie brauchst du ein Stück Haselnussholz. Säge es auf 10 cm zu. Es sollte 3 bis 5 cm dick sein. Du kannst den Ast entrinden, verzieren oder so schnitzen, wie dein Rennauto aussehen soll: Zum Beispiel schnitzt du die Stellen schräg, an denen Fenster und Scheinwerfer sein sollen.

**Du brauchst:**

1 Haselstück
|← 10 cm →| Ø 3 – 5 cm

4 Haselscheiben (Räder)
|← ca. 0,5 cm →| Ø 2 – 3 cm

1 Haselscheibe (Lenkrad)
kleiner und schmaler als die Räder

2 dünne Haselzweige (Achsen)
|← 8 – 10 cm →|

**2.** Die Räder deines Rennautos werden auf Achsen aufgesteckt und befestigt: Jeweils 1 cm hinter den beiden Astenden bohrst du dafür mit einem Handbohrer ein Loch durch den Haselstock. Bohre unterhalb der Stockmitte. Das ist wichtig, damit die Reifen später richtig aufsitzen. Die Löcher sollten faserfrei gebohrt sein.

**3.** Suche dir zwei gerade, dünne Zweige von einer Hasel, die durch die Bohrlöcher passen. Schneide sie auf 8 bis 10 cm Länge und entrinde beide. Wenn sie ganz glatt geschnitzt sind, kannst du sie durch die Bohrlöcher schieben, sodass an beiden Seiten die Zweige überstehen. Sie sollten sich als Achsen leicht in den Löchern drehen können.

Statt Haselholz kannst du auch Schwarzerle verwenden.

4. Jetzt schnitzt du die Räder: Säge von einem dünnen Haselnussast vier kleine Scheiben ab. Dabei können wie bei einem Rennauto die Hinterräder breiter und größer als die Vorderräder sein. Die Haselnuss hat einen sichtbaren Markkanal, der bei den Rädern genau in der Mitte liegen sollte. Hier kannst du leicht mit einem kleinen Kastanienbohrer ein Loch hineinbohren.

5. Wenn du alle vier Löcher in die Reifenmitte gebohrt hast, steckst du die Reifen auf die beiden Haselachsen. Wenn sie zu lang sind, kannst du sie zurechtsägen oder -schnitzen.

6. Nimm ein wenig Kleber, damit die Reifen besser halten. Wenn er getrocknet ist, bohrst du vorsichtig ein kleines Loch in die Rennauto-Oberseite – fast in die Mitte des Autos. In dieses Loch steckst du einen sehr dünnen Zweig, der maximal 1 cm lang ist. Klebe diesen fest. In eine abgesägte, sehr kleine und dünne Haselscheibe bohrst du ein Loch. Die Scheibe steckst du auf den Zweig, der im Rennauto steckt: Sie ist das Lenkrad. Wenn du magst, malst du mit einem Stift Lampen, Fenster und Türen auf.

# JO-JO

**Du brauchst:**

2 Haselscheiben
|← 0,5 cm →| Ø 3 – 5 cm

1 Buchenzweig
|← 2 cm →| Ø wie Bohrlöcher

Schnur
|← 80 cm →|

**Hoch und runter, auf und ab – ist dein Jo-Jo erst mal in Bewegung, läuft es fast von allein!**

**1.** Schneide von einem Haselnussast zwei Scheiben ab. Die Scheiben sollten 0,5 cm dick sein. Mit deinem Schnitzmesser rundest du die Scheiben auf beiden Seiten ab. Du kannst auch die Rinde entfernen oder sie verzieren. Die Scheiben sollten gleichmäßig groß und gleich abgerundet sein. Bohre mit dem Kastanienbohrer in beide Scheiben mittig ein Loch. Am besten nutzt du den Markkanal – dort ist es am leichtesten.

5.

**2.** Entrinde mit deinem Messer einen kleinen Buchenzweig. Der Zweig sollte genau in die gebohrten Löcher der beiden Scheiben passen. Passt er noch nicht, schnitze etwas mehr Holz weg. Erst wenn sich die eine Seite des Zweiges in eines der Löcher stecken lässt und die Scheibe nicht herunterfällt, ist der Zweig passend.

**3.** Steckt der Ast in der einen Scheibe, kannst du ihn auf 1,5 cm kürzen.

**4.** Knote in die 80 cm lange Schnur eine Schlaufe. Lege die kleine Schlaufe um den Zweig und ziehe sie zu.

**5.** Nun steckst du die zweite Scheibe auf den Zweig und drückst sie vorsichtig so weit darauf, bis er auch hier am Lochende zu sehen ist. In der Mitte der Scheiben steckt jetzt das Mittelstück mit festgezogener Schlaufe. Du kannst die Scheiben auch mit Kleber befestigen. Das macht dein Jo-Jo haltbarer.

**6.** Am anderen Schnurende bindest du nochmals eine Schlaufe für deinen Finger beim Jo-Jo-Spielen, diesmal feststehend mithilfe des Palstek-Knotens. Wickele die gesamte Schnur um den Zweig im Jo-Jo. Schiebe die Schlaufe über deinen Zeigefinger und lasse das Jo-Jo fallen.

## TRILLERPFEIFE AUS HOLUNDER

Eine Trillerpfeife ist schnell geschnitzt. Sie besteht aus einem Stück Holunder, das du aushöhlst. Ist es komplett gesäubert, schneidest du mit deinem Messer ein kleines Stück vom Holz weg. Übrig sollte ein aufgeschnittener Tunnel bleiben. Nimm ihn mit den offenen Seiten zwischen Zeigefinger und Daumen und puste von oben hinein. Mit etwas Übung schaffst du es, auf der Pfeife zu trillern.

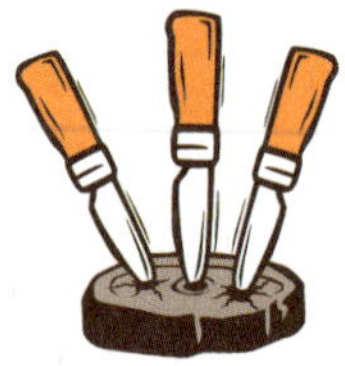

**Du brauchst:**

1 Haselstock
|← 15 – 20 cm →| Ø 1,5 cm

2 Haselstöcke (Griffe)
|← 10 cm →| Ø 1,5 cm

dünne, reißfeste Schnur
|← 150 cm →|

006

# SAUSEWIND

**Der Sausewind ist ein altes Kinderspiel. Frage doch mal deine Großeltern, ob sie noch mehr solcher Spiele kennen.**

**1.** Bearbeite zuerst die Haselstöcke für die Griffe: Schneide jeweils in der Mitte im Abstand von 2 cm zwei Ringe in die Rinde. Dazwischen kannst du die Rinde und etwas Holz vorsichtig entfernen. Das verhindert, dass später die beiden Schnurenden davon abrutschen.

**2.** In die Mitte des dritten Astes ritzt du auch zwei Ringe. Der Abstand zwischen den Ringen soll 5 cm betragen. Schnitze mit Daumendruck von beiden Ringen Richtung Astmitte. So entsteht die Form einer Sanduhr. Drehe den Ast immer wieder, sodass die Astmitte gleichmäßig nach innen dünner wird. Ist die Sanduhr halb so dünn wie der Rest des Astes, bist du fertig.

**3.** Jetzt kannst du in die ausgedünnte Mitte zwei Löcher bohren. Der Abstand zwischen den Löchern sollte höchstens 1 cm betragen, sie werden links und rechts von der Mitte der Sanduhr gebohrt. Setze den Bohrer so an, dass er durch die breiten Seiten der Uhr bohrt. Um die Löcher zu bohren, legst du die Sanduhr auf einen flachen Stein. Stelle deinen Fuß mittig darauf, sodass du gut sehen kannst, wo du bohren wirst. Die Löcher sollten faserfrei und so groß sein, dass eine Schnur locker hindurchpasst.

**4.** Nach dem Bohren sägst du den Stock von jedem Bohrloch aus gesehen nach 1,5 cm ab.

**5.** Die Sanduhr ist das Mittelstück des Sausewinds. Ziehe nun eins der beiden Schnurenden nacheinander durch beide Bohrlöcher. Knote die beiden Schnurenden mit einem festen Knoten zusammen.

**6.** Lege die drei Schnitzteile auf den Boden: Das Mittelstück befindet sich in der Mitte der Schnur. Links und rechts davon liegen die beiden Schnurenden und die beiden Äste. Klappe das eine Schnurende mit auf die beiden Schnurstränge. Hebe das in der Mitte liegende Schnurstück an, schiebe einen Haltegriff hindurch und ziehe die Schnur fest. Das Gleiche machst du auf der anderen Seite der Schnur mit dem zweiten Aststück.

**SO GEHT'S:** Zum Spielen hängt der Sausewind in der Mitte der Schnur, du spannst ihn und hältst ihn an den Griffen. Wickele ihn auf, indem du ihn ungefähr 20 Mal nach vorn wirfst. Die Schnur wickelt sich auf. Spanne und lockere die Schnur im richtigen Augenblick wieder. Der Sausewind macht ein Geräusch, als ob der Wind ums Haus pfeift. Je besser du das Spannen und Loslassen beherrschst, desto leichter läuft er.

# LEINEN LOS UND WASSER MARSCH

Baue einen Staudamm und lasse das Wasserrad laufen! Das Seemannsorchester warnt mit lautem Schiffshorn und Zupfinstrument vor Kollisionen auf dem Wasser.

# AM WASSER

Starte eine Bootsregatta mit deinen Freunden und beobachte, welches Boot am schnellsten durch die Wellen schippert!

Du brauchst:

dicke Kiefernrinde

1 Kieselstein (rund und flach)

1 Ast als Mast

1 großes Blatt als Segel (oder ein Blatt Papier)

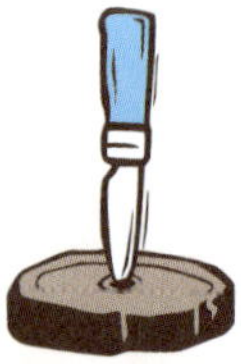

# RINDEN BOOT

**Kiefernrinde lässt sich prima schnitzen und ist zugleich sehr leicht – perfekt geeignet für ein Segelboot!**

1. Suche dir ein Stück dicke Kiefernrinde. Du findest sie im Wald, vor allem nachdem Kiefern gefällt wurden. Denn diese werden meist direkt im Wald entrindet. Du wirst überrascht sein, wie groß die Rindenstücke sind, die du finden kannst.

2. Schnitze die Rinde in Bootsform. Lege die Rinde dazu auf den Boden. Durch einen Schnitt mit dem Schnitzmesser markierst du den Bootsinnenraum. Vorsichtig höhlst du mit dem Messer die Rinde darin aus. Schicht für Schicht kannst du leicht abtragen.

3. Hast du das Boot innen ausgehöhlt, drehst du es um. Auf der Bootsunterseite kerbst du einen schmalen Schlitz Rinde aus. In diesen ausgehöhlten Rindenschlitz setzt du hochkant den flachen Kieselstein. Teste, wie der Stein am besten sitzt, und klebe ihn fest.

4. Auf der Bootsoberseite bohrst du in den Innenraum ein kleines Loch für einen Bootsmast. Das Loch darf die Rinde nicht ganz durchbohren, sonst sinkt das Boot. In das Bohrloch steckst du einen entrindeten und angespitzten Ast als Mast.

5. Auf den Mast kannst du als Segel verschiedene Gegenstände spannen: entweder ein gefaltetes DIN-A4-Papier oder ein großes Baumblatt. Schnell zum nächsten Bach: Wie gut bewegt sich dein Boot durch die Wellen?

## RINDENBOOT MIT LUFTANTRIEB

Bohre in ein dickes Stück Kiefernrinde 5 cm von einer Außenseite ein schräges Loch: Es beginnt rechts oben und endet unten links. Hier wird der Bootsantrieb eingesetzt. Höhle dafür einen 10 cm langen Holunderstab aus. Den hohlen Stab steckst du durch das gebohrte Loch. Er guckt oben weiter aus dem Boot heraus als unten. Darauf setzt du einen aufgeblasenen Luftballon. Die Luft wird aus dem Ballon gedrückt und treibt das Boot an.

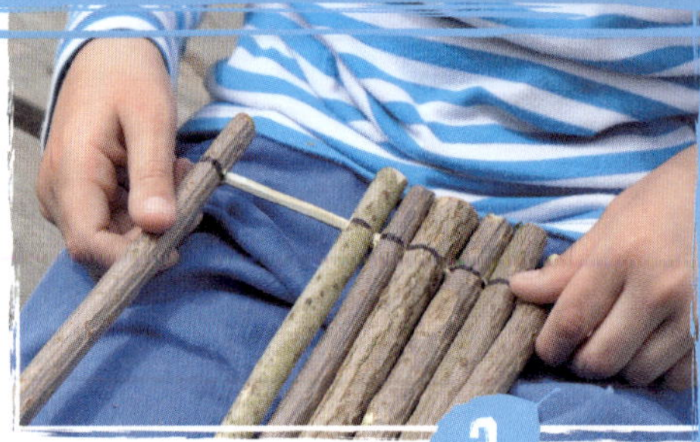

2.

## Du brauchst:

5 bis 8 Holunderstücke mit großem Markkanal
|← 15 cm →| Ø max. 1 cm

2 gerade, dünne Weidenzweige
|← etwas länger als Floßbreite →|

1 Hasel- oder Buchenast als Mast

2 dünne Haselzweige als Segelstangen

1 Gefriertüte als Segel

# HOLUNDER FLOẞ

**Eine spannende Floßfahrt wartet auf dich ... Dafür baust du schnell ein kleines Holunderfloß.**

**1.** Lege die Holunderhölzer mit der langen Seite nebeneinander, das sieht schon aus wie ein Floß. Mit einem Stift malst du je 1 cm vom Rand entfernt auf beiden Seiten eine Linie. Diese Linie gibt dir eine Hilfestellung für die Bohrlöcher. Durchbohre jeden Holunderast auf beiden Seiten mit einem Handbohrer. Setze dazu den Bohrer unterhalb der Linie genau in der Mitte auf das Holunderstück.

**2.** Wenn du deine Floßhölzer durchbohrt hast, entrinde zwei dünne Weidenstäbe, die genau durch die Bohrlöcher passen. Schiebe einen Weidenstab mit seiner dünnen Seite durch die gebohrten Löcher der Holunderstäbe.

**3.** Die Holunderstäbe werden jetzt vom Weidenstab gehalten. Das Gleiche machst du mit dem zweiten Stab. Diesmal beginnst du mit dem dünnen Weidenzweigende auf der anderen Seite der Stäbe. Das bewirkt, dass die Holunderäste sich gegenseitig halten.

**4.** Bohre in die vordere Hälfte des Floßes mittig ein kleines Loch. In dieses Loch steckst du deinen Segelmast. Als Segel spannst du darauf eine Gefriertüte, in die du oben und unten je einen Haselzweig eindrehst. An den Zweigenden verknotest du die Tüte. Um sie auch am Mast zu befestigen, gehst du so vor: Stich mit dem Bohrer rechts und links neben dem Mast zwei kleine Löcher in die Tüte. Durch diese Löcher fädelst du eine Schnur und verknotest sie am Mast.

**5.** Oben am Mast befestigst du zwei Schnüre, die nach unten gespannt und an den hinteren, überstehenden Weidenzweig geknotet werden. Dann ist das Floß fertig zur Jungfernfahrt.

**Du brauchst:**

- 1 sehr dünnes Haselstück z. B. einen großen Schnitzschnipsel
- 1 dünnen Zweig

## EIN RUDER ANBAUEN

Wenn du möchtest, kannst du auch noch ein Ruder anbauen. Der Ruderschnipsel kann so geschnitzt werden, dass das untere Ende breiter ist als das obere. In die Mitte des Schnipsels bohrst du vorsichtig ein Loch, durch das der dünne Zweig geschoben wird. Die breite Ruderfläche zeigt nach unten. Am hinteren Teil des Floßes wird der Zweig mit dem Ruder auf die Floßstangen gelegt. Das Ruder ragt zwischen zwei Holunderstäben ins Wasser und kann mit zwei Schnüren an die Querstange geknotet werden.

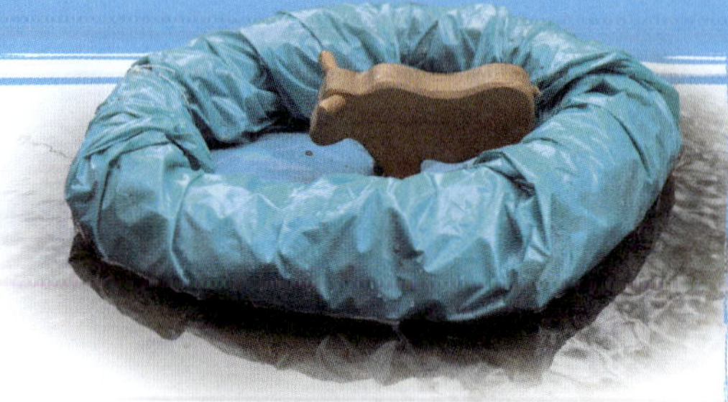

# BOOT
## AUS GRAS

**Du brauchst:**

25 bis 30 Haselstöcke
|← 15 cm →|

hohes Gras
|← mindestens 15 cm →|

20 Schnurstücke
|← ca. 20 cm →|

1 große Plastiktüte

**Dieses Schlauchboot musst du nicht aufpusten. Und es kann in der großen Ausführung sogar einen Menschen tragen.**

**1.** Mit 12 Stöcken steckst du als Gerüst einen eiförmigen Kreis in den Sand oder in die Erde. Außen um diesen Kranz herum steckst du nochmals 15 Stäbe. Das sieht schon aus wie ein kleines Schlauchboot.

**2.** Nun schneidest du mit einer Schere auf der Wiese jede Menge hohes Gras. Das sammelst du in einer Wäschewanne. Das Gras legst du vorsichtig und gleichmäßig verteilt in den Raum zwischen den eiförmigen aufgestellten Astreihen.

**3.** Wenn die Grasschicht ungefähr 15 cm hoch ist, umwickelst du sie eng mit den langen Schnüren. Verschließe diese mit dem doppelten Schlag, damit sie das Gras fest zusammenhalten.

1.
2.

4.

**SCHNITZ-PROFI** Versuche zusammen mit deinen Eltern, ein großes Boot aus Gras zu bauen. Du kannst dich hineinsetzen und damit auf einem Fluss oder See in Ufernähe fahren. Die Schwimmweste dabei nicht vergessen!

**4.** Den fertigen Kranz hebst du vorsichtig aus dem Stockkreis und legst ihn auf eine große, an den Seiten aufgeschnittene Plastiktüte. Die Tüte schlägst du nach innen um und steckst sie fest unter den Grasring. Sie hält von ganz allein.

**5.** Jetzt ist dein Boot aus Gras fertig und du kannst kleine Puppen oder anderes Spielzeug darin zu Wasser lassen.

**Ihr braucht:**

- 30 Haselstöcke |← ca. 50 cm →|
- Schnur |← mind. 10 m →|
- 1 Bauplane |← 3 x 4 m →|
- 1 Paddel

**Bei so viel Gras ist eine Sense für Erwachsene hilfreich.**

**Du brauchst:**

1 Schilfrohr mit einem Knoten und einer offenen Seite |← ca. 20 cm →|

1 kleinen Zweig

# SCHIFFS HORN aus Schilf

**Um auf deinen Schifffahrten andere Boote zu warnen, ist ein Schiffshorn wichtig! Eine Flöte aus Schilf erzeugt einen tiefen Ton, der wie ein Schiffshorn klingt.**

1. Säubere das Schilfrohr vorsichtig innen mit einem dünnen Stock. Es ist wichtig, dass du dabei nicht gegen die dünne Membran im Knoten stößt, denn ohne sie kann deine Flöte kein Geräusch machen.

2. Ist das Rohr sauber, schneidest du etwa 3 bis 4 cm vom Knoten entfernt mit dem Messer einen schrägen Einschnitt Richtung Knoten.

3. Von diesem Einschnitt aus schlitzt du das Rohr auf beiden langen Seiten ein. Die Schlitze sollten ungefähr 0,5 cm vor den Knoten enden. Hebst du den entstandenen Spalt vorsichtig hoch, entsteht eine kleine Lasche, unter die du einen kleinen Zweig legst, wie im Bild oben.

4. Die Oberseite der Lasche kannst du durch Kratzen mit der Messerklinge vorsichtig ganz fein ausdünnen. Damit die Lasche auch ohne den Zweig ein Stück vom Schilf absteht, kannst du sie zusammen mit einem Erwachsenen abflämmen. Haltet dafür ein Feuerzeug kurz an die Lasche. Passt auf, dass sie dabei nicht Feuer fängt. Dein Schiffshorn ertönt, indem du das Rohr vorsichtig so weit in den Mund nimmst, bis das Mundstück ganz darin verschwindet, und du dann hineinpustest.

Du brauchst:

1 Schilfstück mit zwei Knoten
|← ca. 20 cm →|

2 sehr dünne Zweige
|← 2 cm →|

# ZUPF INSTRUMENT

**Aus Schilfrohr kannst du nicht nur Flöten basteln. Es bietet auch einen guten Klangkörper für ein Zupfinstrument.**

**1.** Schneide ein Stück Schilfrohr ab, sodass auf beiden Seiten zwei dickere Knoten stehen bleiben. Lege das Stück Schilf so vor dich hin, dass eine Schnittseite zu dir und die andere von dir weg zeigt. Nun ritzt du zwei lange Schnitte in das Schilf: Beginne 1 cm unterhalb des oberen Knotens und setze 1 cm oberhalb des unteren Knotens das Messer ab. Schneide vorsichtig entlang der langen Seiten des Schilfs. Die Schnitte liegen ungefähr 2 mm nebeneinander.

**2.** Wenn du mit beiden Schnitten fertig bist, hebe vorsichtig mit der Messerspitze den eingeschnittenen Schilfstreifen an. Lege jeweils am Anfang und Ende einen sehr dünnen und kurzen Zweig unter den Streifen.

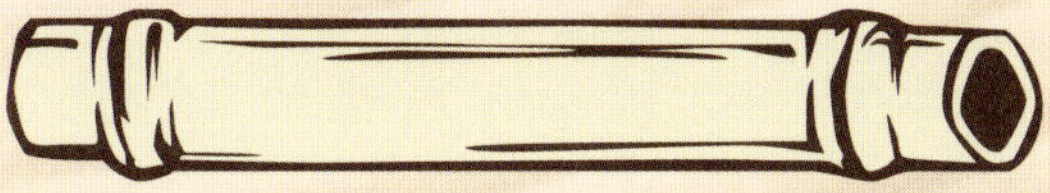

**3.** Jetzt kannst du auf deinem Instrument spielen: Nimm es in die linke Hand und drücke es mit einer Seite an deine Schulter. Halte den weiter von der Schulter entfernten Zweig zwischen dem linken Daumen und Zeigefinger fest. Schiebe diesen Zweig vor und zurück. Wenn du gleichzeitig mit dem Daumen der anderen Hand an dem ausgeschnittenen Schilfstreifen zupfst, verändern sich so die Höhen und Tiefen der Töne. Mit ein bisschen Übung kannst du bald ein eigenes Lied darauf spielen!

**Schilf hat an manchen Stellen dicke Knubbel oder Knoten, die die Hohlräume im Schilfrohr voneinander trennen.**

## Du brauchst:

4 Erlenäste
|← 20 cm →|
Ø 1 cm

2 Erlenäste
|← 15 cm →| Ø 1 cm

dicken Stoff als Spannfläche
|← ca. 15 x 20 cm →|

1 Haselast als Mast
|← 15 – 20 cm →| Ø ca. 0,5 cm

2 dünne Haselzweige
als Segelstangen

1 Gefriertüte
als Segel

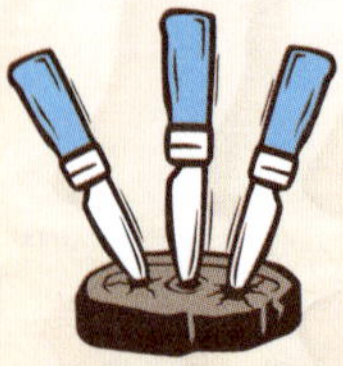

# KATAMARAN

**Ein Schiff mit zwei Rümpfen ist schneller und kentert nicht so leicht – das wussten die Polynesier schon vor 3.500 Jahren.**

**1.** Beginne mit dem Katamarangerüst. Lege je zwei Erlenäste nebeneinander auf den Boden und verknote sie an beiden Enden mit Schnur. Quer dazu legst du oben und unten zwei Äste, die mit den ersten Ästen verknotet werden, sodass ein Viereck entsteht. Das Gerüst ist fertig.

1.

2. Zwischen die beiden doppelten Innenstangen spannst du ein viereckiges Stück Stoff. Fädele die Schnur auf die Nadel. Indem du die Schnur abwechselnd durch den Stoff und um die Außenstangen fädelst, befestigst du die Sitzfläche. Verknote die Schnur auf der Stoffunterseite nochmals und ziehe sie zurück zum Startpunkt. Verknote das Ende, mit dem du gewickelt hast, und das Anfangsstück fest miteinander. Dein Katamaran hat nun eine gespannte Netzfläche zwischen den beiden innenliegenden Floßstangen.

**TIPP** Knote bei diesem Boot immer den doppelten Schlag.

3. Jetzt fehlt noch das Segel! Dafür bohrst du mit dem Handbohrer oder einem großen Kastanienbohrer in die Mitte von einer der beiden Querstangen ein Loch. Diese Querstange bildet den vorderen Teil deines Katamarans. In das Loch setzt du als Mast einen angespitzten Haselast. Klebe diesen fest und lasse ihn gut trocknen.

4. Auf dem Mast befestigst du als Segel wie beim Holunderfloß eine Gefriertüte. Die Tütenöffnung zeigt nach unten. Zwei Äste werden oben und unten in das Segel vor den Mast eingedreht. An den Ecken der Gefriertüte und am Mast wird alles verknotet.

5. Im letzten Schritt werden noch zwei Schnüre außen an die untere Querstange geknotet und zum hinteren Bootsteil gespannt. So ist der Katamaran bereit für die Testfahrt.

**Du brauchst:**

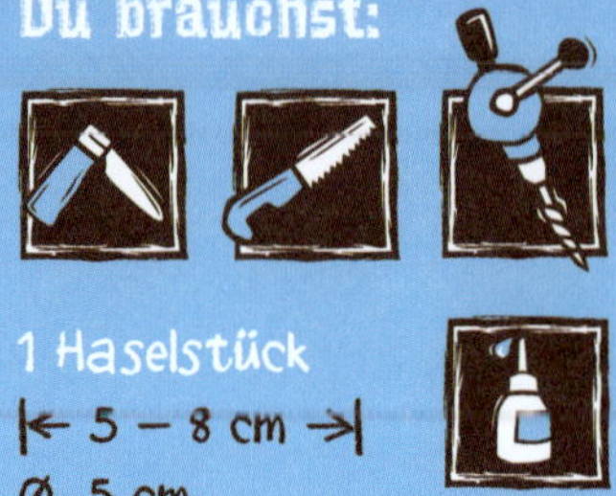

1 Haselstück
|← 5 – 8 cm →|
Ø 5 cm

4 Haselstöcke
|← 20 cm →| Ø 1 cm

1 dünnen Haselstock als Laufstange
|← 25 cm →|

4 Stücke Birkenrinde
|← 2 x 5 cm →|

# WASSERRAD

**Wasser marsch für dein Wasserrad!**

**1.** Säge von einem dicken Haselstock ein Stück ab. Jetzt bohrst du mit dem Handbohrer von beiden Seiten in den sichtbaren Markkanal. Dieser ist weich und gibt leicht nach. Versuche, durch das Stück zu bohren, sodass du den geraden, entrindeten Haselstock als Laufstange hindurchschieben kannst.

**2.** Stelle dir eine Uhr auf der Mitte des Haselastes vor: Bohre auf 3, 6, 9 und 12 Uhr von außen Löcher durch die Rinde.

**3.** Die vier Wasserradspeichen sind ebenfalls gerade Haselstecken. Sie werden an einem Ende etwa 3 cm tief mit dem Schnitzmesser gespalten. Die jeweils andere Seite der vier Stöcke wird angespitzt.

**4.** Die Stöcke werden in die vier Löcher des Haselastes gesteckt und mit Kraftkleber verklebt. Warte, bis sie getrocknet sind.

**5.** In die vier gespaltenen Enden steckst du je ein stabiles Birkenrindenstück. Die Rinde kannst du als längliches Stück direkt von einem gefällten Baum abschneiden. Dazu markierst du mit dem Schnitzmesser die Baumrinde und löst sie vorsichtig ab. Die Birkenrindenstücke sind die vier Wasserschaufeln. Die Rindenaußenseite zeigt bei allen in die gleiche Richtung.

4.

**TIPP** Alternativ zur Birkenrinde kannst du als Wasserschaufel auch eine Plastikflasche mit einer Schere in breite Streifen schneiden.

## WEIDENFLÖTE

Aus Weiden kannst du auch wie auf S. 36 eine Flöte basteln. Weiden wachsen häufig am Wasser. Ihre Zweige sind vor allem im Frühjahr so stark mit Wasser durchzogen, dass du ihre Rinde leicht abklopfen und abziehen kannst.

Schneide 1 cm vom Rand entfernt eine Kerbe für das Mundstück und schnitze aus Rinde den Mundstückeinsatz. Schneide 4 cm vom rechten Rand entfernt einen Ring in die Rinde. Das Abklopfen kannst du mit einem dicken Ast durchführen. Lasse ihn auf das Rindenstück fallen. Je länger du klopfst, desto einfacher lässt sich die Rinde vom Ast abziehen.

**Du brauchst:**

- 1 Weidenzweig |← ca. 10 cm →| Ø 1 – 1,5 cm
- 1 dicken Ast zum Beklopfen

## LASSET DIE SPIELE BEGINNEN!

Richte deine eigenen Ritterspiele aus: Wer trifft am besten mit der Steinschleuder oder mit Pfeil und Bogen auf die Zielscheibe? Der Gewinner erhält eine eigene Kette aus Holunder!

# IM MITTELALTER

Das Mittelalter war eine spannende Zeit, aus der du die Ritter, Burgen und Räuber kennst. Im Mittelalter wurde auch viel gespielt. Das belegen Überlieferungen aus dieser Zeit. Viele der Ideen, die du als Schnitzanleitungen in diesem Buch findest, stammen aus dem Mittelalter.

**Du brauchst:**

1 langen Haselstock
|← 50 – 60 cm →|
Ø 1 – 2 cm

1 kurzen Haselstock
|← 15 cm →|
Ø 1 – 2 cm

# KREUZGRIFF SCHWERT

**Am Ritterturnier teilnehmen darf nur, wer ein Schwert sein eigen nennt! Doch keine Sorge, das ist leicht geschnitzt.**

**1.** Suche dir im Wald einen langen, geraden Ast. 10 bis 15 cm der Rinde lässt du am Ast, den Rest schnitzt du sorgfältig weg. Das Schwert bekommt eine scharfe und eine flache Klingenseite. An der scharfen Seite schnitzt du das Holz spitz zu. Am Stockende kannst du eine Spitze schnitzen.

**2.** Für den Griff spaltest du ein 15 cm langes Holzstück. In beide Holzhälften schnitzt du ca. 2 cm breite Kerben, sodass ein Loch entsteht, wenn du die Hälften aufeinanderlegst und hindurchguckst. Das Schnitzen der Kerben geht schneller, wenn du den Daumendruck anwendest.

**3.** Auch in den Schwertstock schnitzt du ca. 10 cm vom oberen Rand entfernt zwei Kerben. In diese Kerben sollte das geteilte Griffstück

**TIPP** Das fertige Schwert kannst du kurz über die Glut halten und das Holz so trocknen. Es härtet dadurch aus und wird stabiler.

genau hineinpassen. Sei vorsichtig, dass du nicht zu tief schnitzt, damit der Schwertgriff nicht bricht.

**4.** Hast du die vier Kerben geschnitzt, legst du die beiden Kerben vom Griffstück in die Kerben deines Schwertes. Verknote mit Schnüren die Mitte und die beiden Griffenden. Dann ist dein Schwert fertig.

## SCHWERT MIT WEIDENGRIFF

Das Schwert schnitzt du, wie auf der linken Seite beschrieben, spitz und flach. Anstelle des geteilten Griffstückes benutzt du einen 15 bis 20 cm langen Weidenzweig. Die Enden des Zweiges kannst du anspitzen. Dann bohrst du mit dem Kastanienbohrer zwei kleine Löcher in den Schwertgriff – am besten leicht schräg, damit dein Griffschutz unter Spannung steht, wenn du ihn einsetzt. Stecke beide Zweigenden in die gebohrten Löcher und verklebe sie. So halten sie das Ritterturnier länger durch.

**Du brauchst:**

1 langen Haselstock
|← 50 – 60 cm →| Ø 1 cm

1 Weidenast
|← ca. 20 cm →| Ø 0,5 cm

# STEINSCHLEUDER

007

## Du brauchst:

1 gerade Astgabel (Buche, Erle oder Hasel) |← ca. 30 cm →|

Griff: |← 20 cm →|

Gabeln: |← 10 cm →| Ø 1 – 2 cm

Gymnastik- oder Gummiband |← ca. 30 cm →|

**Die Steinschleuder wird auch Zwille genannt. Mit etwas Übung triffst du damit die Zielscheibe im Handumdrehen!**

**1.** Suche im Grünholz eine Astgabel mit einem geraden Griff und zwei stabilen Seitenzweigen. Säge den Ast am Griff so ab, dass du genügend Platz zum Umgreifen hast. Entrinde den Ast an der Stelle, sodass der Griff glatt ist.

**2.** An den Zweigenden der Astgabel kerbst du Ringe ein. Dazu schneidest du in je ein Ende zwei Ringe. Die Rinde zwischen den Ringen und etwas Holz entfernst du mit dem Daumendruck.

2.

Achte darauf, dass du nicht über die Rindenringe hinausschnitzt. Diese Ringe sind die Halterungen für das Gymnastikband.

**3.** Schneide das Band in einen 10 bis 15 cm breiten und 30 bis 40 cm langen Streifen. Um jeden Ast bindest du ein Ende vom Gymnastikband. Lasse es leicht überlappen, denn hier wird es mit einer Schnur festgebunden. Knote einen einfachen Schlag und fixiere ihn mit einem doppelten Schlag. Ziehe die Knoten ganz fest zu, damit das Gymnastikband nicht herausrutscht.

**TIPP** Als Schussmaterial kannst du ein kleines Papierstück so lange falten, bis es nicht mehr geht. Triffst du schon beim ersten Mal die Zielscheibe?

008

## FICHTENFLORETT AUS WEIHNACHTSBAUM

Du kannst die Spitze einer Fichte unterhalb des ersten Zweigringes abschneiden. Es bleiben ca. 50 bis 60 cm Baum übrig. Schnitze mit flach auf dem Holz liegender Klinge die Nadeln ab. Am besten ziehst du dafür einen Handschuh über die haltende Hand.
Schneide die abstehenden Äste auf 15 cm. Diese bindest du mit dem doppelten Schlag an den langen, in der Mitte stehenden Ast. Fertig ist das Florett!

# HOLUNDER KETTE

**Als Preis beim Ritterturnier kannst du selbst gemachte Ketten aus Holunder verschenken!**

**Du brauchst:**

1 Holunderstock
|← 30 – 40 cm →|

Lederband oder Schnur
|← 50 cm →|

1. Suche dir ein Holunderstück, das sich leicht aushöhlen lässt. Entferne das Holundermark mit einem Bohrer oder Stock. Schneide dann mit einer Säge dicke und dünne Stücke davon ab.

2. Entrinde oder verziere diese Stücke so, wie es dir am besten gefällt. Du kannst die einzelnen Stücke auch abrunden. Dazu schnitzt du vorsichtig mit dem Messer am Rand entlang. Die Kettenelemente kannst du zum Schluss schmirgeln.

3. Fädle die dünnen und dicken Kettenelemente auf eine ca. 50 cm lange Schnur oder ein Lederband.

**TIPP** Zwischen die einzelnen Holunderstücke kannst du auch Muscheln, Steine, Walnussschalen und andere Dinge fädeln. In diese Gegenstände musst du noch mit einem Handbohrer Löcher bohren. Am besten geht das in einem Schraubstock, der bietet mehr Halt beim Bohren.

**Du brauchst:**

1 Holunderstück
mit großem Markkanal
Ø mindestens 1,5 cm

# HOLUNDER RING

**Hast du schon mal einen Freundschaftsring verschenkt? Ganz besonders verbindend ist ein Ring, der selbst geschnitzt ist. Holunderholz ist dafür optimal.**

1. Säge von einem Holunderast eine Scheibe ab. Die Scheibe sollte mindestens 1,5 cm dick sein. Das Mark sollte 1 cm oder breiter sein.

2. Höhle das Holunderstück sauber aus. Schnitze die äußeren Kanten rund. Du kannst mit deinem Messer den Ring innen weiter aushöhlen und mit Schmirgelpapier glätten.

3. Schnitze innen so lange, bis der Ring auf deinen Finger passt. Du kannst ihn ölen oder mit bunten Farben bemalen – ein echtes Schmuckstück!

**Für den Bogen:**

1 Haselstock |← mind. 1 m →|

reißfeste Schnur |← 1,5 m →|

**Für den Pfeil:**

1 Haselstock
|← 50 – 60 cm →|
Ø 0,5 cm

1 große Vogelfeder mit dickem Kiel (z. B. Huhn, Gans, Elster oder Krähe)

# PFEIL & BOGEN

**Schon seit der Steinzeit benutzen Menschen Pfeil und Bogen zur Jagd.**

1. Du sägst den Haselstecken auf eine Länge von ca. 1,2 m. Das wird dein Bogen. Versuche ihn zu biegen – du wirst sehen, dass er sich in eine Richtung besonders gut biegen lässt. An den Enden deines Bogens schnitzt du oben und unten in die Außenseite eine kleine Kerbe ins Holz.

2. Lege den Ast vor dich hin. Knote die Schnur in der einen Kerbe richtig fest. Biege den Bogen, damit du weißt, wie lang die Schnur sein darf. Dazu klemmst du den Bogen zwischen die Beine. Knote am anderen Schnurende einen Palstek-Knoten und lege die Schlinge in die zweite Kerbe. Jetzt steht der Bogen unter Spannung.

3. Rechts neben der Bogenmitte schnitzt du eine kleine Kerbe in den Haselstock. Diese Kerbe ist die Auflage für deinen Pfeil. Greife den fertigen Bogen mittig mit deiner linken Hand. Halte ihn waagerecht zum Boden. Strecke den linken Arm ganz aus. Greife mit der rechten Hand mittig an die Bogenschnur. An dieser Stelle setzt du den Pfeil an und ziehst an der Schnur. Die Pfeilspitze liegt in der Kerbe neben deiner rechten Hand. Wenn du Linkshänder bist, nimm für diese Schritte immer die andere Seite als beschrieben.

**4.** Fehlt nur noch der passende Pfeil für deinen Bogen. Haselnusssträucher bilden sehr gerade Äste. Suche dir einen 50 bis 60 cm langen Ast. Entferne die Blätter, nachdem du den Ast hochkant gestellt hast. Spitze den Ast an der dünnen Seite an, sodass deine Pfeilspitze entsteht.

**5.** Auf der dicken Seite kerbst du an der Schnittkante schräg zueinander zwei Schnitte ins Holz. Das wird die Kerbe, mit der du den Pfeil in die Bogensehne steckst. Das Holz kann hier leicht gespalten werden, schneide vorsichtig und achte auf deine haltende Hand.

**6.** Ist die Kerbe fertig, teilst du deine Feder in zwei Hälften. Du benötigst das obere Ende der Feder, maximal 5 cm. Die beiden geteilten Federhälften befestigst du mit Kleber je auf einer Seite des Astes, direkt unterhalb der Kerbe. Lasse die angeklebten Federn trocknen. Schnitze ein Muster oder mehrere Ringe in die Rinde, dann erkennst du deinen eigenen Pfeil schnell wieder. Fertig sind Pfeil und Bogen. Auf geht's mit Geheul in den Wald.

## ZIELSCHEIBE BASTELN

Am besten bastelst du dir eine Zielscheibe aus einem Stück Karton und einem Blatt Papier. Das Papier kannst du mit selbst hergestellter Zeichenkohle (s. S. 21) bemalen. Klebe das Papier auf den Karton. Befestige eine Schnur in Löchern oben im Karton und hänge die Zielscheibe in einen Baum. Es ist gar nicht so einfach zu treffen, wetten?

# MÖWEN PFEIFE

**Du brauchst:**

1 Haselstück
|← 15 cm →|
Ø 2 cm

1 dicken Ast
zum Spalten

Birkenrinde
|← 17 x 1,5 cm →|

Gummiband, Stift

**Mit dieser Pfeife kannst du Möwen nachmachen.**

**1.** Säge das Haselstück auf 15 cm zu und spalte es. Du brauchst beide Holzhälften. In die eine Holzhälfte wird eine Kerbe geschnitzt. Von beiden Stockenden aus misst du dazu rund 3 cm und markierst die Stelle mit einem Stift. Zwischen diesen beiden Stellen schnitzt du vorsichtig ein wenig Holz weg. Auf der linken Seite rund 2 mm, rechts nur 1 mm, also hauchdünn. Das kannst du zum Beispiel an einer halbierten Gurke oder Möhre üben. Wenn du die beiden Gurken- oder Holzhälften aufeinanderlegst, siehst du, dass ein kleiner Spalt zwischen den Hölzern entstanden ist.

**2.** Lege zwischen diese beiden Holzhälften ein Stück sehr dünne Birkenrinde. Diese findest du im Wald an gefällten Birken. Du brauchst für die Pfeife nur die papierdünne oberste Rindenschicht.

**1.**

**Übe das Schnitzen der Kerbe an einer Gurke: Links ist sie etwas tiefer.**

2.

Die Birkenrinde sollte etwas länger als das Haselstück sein – ungefähr 17 cm.

3. Das Stück Birkenrinde wird zwischen die beiden Holzhälften gelegt und festgespannt. Die eine Seite der Holzstücke umspannst du mit einem Gummiband, indem du das Gummi so lange um das Holz wickelst, bis es sich nicht mehr spannen lässt. Auf dieser Seite ist die Rinde nun fest.

4. Auf der anderen Seite ziehst du die Birkenrinde vorsichtig glatt. Drücke die Möwenpfeife mit der Hand zu und halte die beiden Hölzer vor deinen Mund. Puste fest in den Schlitz.

**SO GEHT'S:** Die Möwenpfeife ertönt und wird dich an den Schrei einer Möwe erinnern. Das liegt daran, dass die eingeblasene Luft die Birkenrinde vibrieren und klingen lässt. Ähnliche Laute lassen sich erzeugen, wenn du einen breiten Grashalm längs zwischen deine zusammengepressten Daumen klemmst und hineinbläst.

# ELFEN MÖBEL

**Tisch und Stühle warten darauf, von Elfen und Wichteln besucht zu werden. Vielleicht dekorieren die Fabelwesen deinen Tisch auch mit Blumen und Schneckenhäusern?**

## Du brauchst:

1 Haselstück (Tisch)
|← ca. 10 cm →|
Ø ca. 3 cm

1 dicken Ast
zum Spalten

2 Haselscheiben (Stühle)
|← ca. 0,5 cm →|
Ø ca. 3 cm

kleine Buchenzweige
für Tisch- und Stuhlbeine

1.

**1.** Suche dir ein Stück Hasel. Säge es auf eine Länge von 10 cm zu. Damit du nicht so viel wegschnitzen musst, kannst du das Holzstück zweimal mit deinem Messer spalten. Dazu setzt du das Messer leicht versetzt neben der Astmitte an. Wiederhole diesen Schritt noch einmal, so erhältst du eine flache kleine Tischplatte.

**2.** Schneide vier dünne Zweige auf die gleiche Länge zu und spitze sie leicht an. Jetzt bohrst du mit einem Kastanienbohrer vier Löcher in

4.

die Tischunterseite. Dabei hältst du den Bohrer so, dass er sich nicht gerade, sondern leicht schräg zur Tischmitte hin ins Holz bohrt, damit die Tischbeine nach dem Einstecken nach außen stehen. Du kannst ruhig durch den Tisch hindurchbohren, jedoch solltest du vorsichtig bohren, damit das Holz nicht gespalten wird.

**3.** In die vier Löcher steckst du die vier angespitzten Tischbeinchen. Der Tisch sollte nun ohne deine Hilfe stehen. Steht er schief, kannst du einfach die Länge der Beinchen verändern, indem du sie kürzer schnitzt.

**4.** Für die Stühlchen sägst du zwei dünne Scheiben von einem 3 cm breiten Haselast ab. Die Scheiben sollten höchstens 0,5 cm dick sein. Runde sie vorsichtig auf beiden Seiten ab. Entscheide dich für eine Sitzseite, in die andere Seite bohrst du drei Löcher. Die Löcher sollten – wie beim Tisch – wieder leicht schräg nach innen gebohrt werden. Schnitze jetzt die kleinen Stuhlbeinchen, pro Stuhl benötigst du je drei Stück. Stecke sie in die vorgebohrten Löcher. Jetzt kannst du deine Elfenmöbel aufbauen.

# TRINK BECHER aus Holzspalten

**Du bist durstig, hast aber kein Trinkgefäß dabei? Kein Problem – baue dir einfach einen Becher aus einem dicken Erlenast!**

**1.** Markiere die Unterseite des Erlenastes mit den Zahlen 1 bis 4, damit du weißt, in welcher Reihenfolge sie zusammengehören. Merke dir die Reihenfolge der Zahlen. 1 ist oben links, 2 oben rechts, 3 steht unten links, die 4 unten rechts. Das ist wichtig, weil der Trinkbecher ansonsten nicht richtig zusammenpasst. Spalte den Erlenast dann in vier Teile.

### Du brauchst:

1 astreines Erlenstück
|← 10 cm →| Ø 5 – 8 cm

1 dicken Ast zum Spalten

1 Stift zum Markieren der vier Holzspalte

**TIPP** Je mehr Holzspalten du anfertigst, desto runder und wasserdichter wird der Becherinnenraum. Versuche es mit 6, dann mit 8 oder gar 10 Spalten.

**2.** Lege alle vier Holzspalte voreinander und markiere mit dem Stift eine Linie 1 cm vom rechten Rand der Innenseite entfernt. Die Zahlen stehen unten auf der Schnittfläche.

**3.** An dieser Linie sägst du jeden Spalt vorsichtig knapp bis zum Rand ein. Die Säge darf nicht ganz durch das Holzstückchen sägen. Du kannst mit dem Schuh auf das Holzstück treten, sodass es festgehalten wird.

**4.** Sind die Hölzer gesägt, stellst du sie aufrecht hin, sodass die Zahlen unten sind. Du kannst jetzt deine Messerklinge nehmen und sie auf den ersten Holzspalt stellen. Schaue dazu genau, bis wohin du eingesägt hast. Von dort lässt du das Messer ganz vorsichtig durch das Holz bis zur Sägekante gleiten, indem du mit einem Ast auf die stumpfe Messerseite klopfst.

**TIPP** Wenn du den Becher 15 Minuten in Wasser tränkst, dehnt sich das Holz aus und die gespaltenen Holzstücke greifen fest ineinander. Die Poren schließen sich, das heißt: Der Becher ist fast wasserdicht. Du kannst jetzt tropffrei aus deinem Becher trinken.

**5.** Sind alle Hölzer fertig gespalten, stellst du sie in der richtigen Reihenfolge auf. Die Zahlen stehen weiterhin auf der Becherunterseite. In der Mitte hast du jetzt durch das Sägen und Spalten eine Bechermulde geschaffen.

**6.** Nun drückst du die vier Holzstücke fest in deiner Hand zusammen – sie müssen gut ineinanderpassen. Unten um den Becher wickelst du die Schnur: Zuerst legst du eine Schlaufe um den Becher. Die Schlinge ziehst du fest zu und umwickelst den Becher mit dem Rest der Schnur. Die beiden Schnurenden knotest du zweimal mit dem doppelten Schlag zusammen. Nun sollte der Becher eigenständig stehen.

**Das Ungeheuer möchte auch aus dem Humpen trinken!**

**1. BORKE / KORK**
Die äußere Schicht, sie schützt den Baum vor Verletzungen.

**2. BAST**
Transportiert die in den Blättern gebildeten Nährstoffe in die Wurzeln.

**3. KAMBIUM**
Sorgt für das Wachstum des Stammes und bildet die Jahresringe.

**4. SPLINTHOLZ**
Transportiert in sehr feinen Kanälen, auch Kapillare genannt, das Wasser in die Blätter. Leichter und weicher als das Kernholz.

**5. KERNHOLZ**
Durch das ältere Holz in der Stammmitte ist der Baum fest und stabil.

**6. MARK**
Meist hart, bei Holunder und Hasel weich und leicht zu entfernen.

# DER BAUM SCHICHT FÜR SCHICHT

Ein Baumstamm setzt sich aus lebenden und nicht lebenden Rinden- und Holzschichten zusammen. Die äußere Schicht ist die Rinde, die den Baum vor Verletzungen, Wassermangel, Kälte und Hitze schützt. Holz ist das Material, woraus der Baum zu einem Großteil besteht.

In jedem Jahr wächst ein neuer Jahresring. In der äußeren Splintschicht werden Wasser und gelöste Nährstoffe aus dem Boden über röhrenförmige Zellen in die Blätter transportiert. Die inneren Splintschichten verlieren mit den Jahren ihre wasserführende Funktion und werden zu Kernholz, der tragenden Säule des Baumes.

# DAS RICHTIGE HOLZ

Bevor du zu schnitzen beginnst, gibt es noch ein paar Dinge, auf die du beim Holz achten kannst. Das sind zum Beispiel die Holzmaserung und die Verästelungen im Holzstück. Häufig ist es einfacher, wenn du mit astreinem Holz schnitzt: Es hat keine abgehenden Äste, die beim Schnitzen stören. Aus manchen Hölzern wie etwa dem der Erle kann man fast alles schnitzen, andere sind sehr hart und man braucht viel Übung, um mit ihnen zu arbeiten.

Frisches Holz ist leichter zu schnitzen als bereits getrocknetes. Beim Grünschnitt im Garten oder Wald kannst du viele gute Schnitzhölzer finden. Holzsorten, die kurze Fasern haben und eine sehr gleichmäßige Struktur, also kaum Verästelungen, sind Erle und Hasel.

Die Birke hat kurze Fasern, jedoch mehr Verästelungen. Nadelholz ist harzhaltig. Wenn du damit bastelst, werden deine Hände klebrig.

## DIE ZELLFASERUNG

Der Transport der Nährstoffe und des Wassers im Baum erfolgt über die Zellen von der Wurzel zu den Blättern. Das Holz lässt sich deshalb mit der Zellfaserung in Längsrichtung leicht schnitzen. Die Faserung bei Nadel- und Laubholz ist komplett verschieden. Laubholz wie Buche, Erle, Weide und Birke ist feiner gefasert als Nadelholz wie Fichte oder Kiefer.

NADELHOLZ (Kiefer)

LAUBHOLZ (Buche)

**Auf den nächsten Seiten werden dir Hölzer vorgestellt, mit denen du schnitzen kannst. Du erfährst, wo du sie findest und woran du sie erkennst.**

## DIE BIRKE

Birken werden 20 bis 25 m hoch. Auffällig ist die weiße, sehr glatte Rinde. Erst im Alter bilden sich an der Stammbasis dunkle Risse. Im Wald erkennt man sie gut am hellen, schlanken Stamm und an den hängenden Blättern. Birken ziehen im Frühjahr täglich bis zu 1.000 Liter Wasser aus der Erde.

### EIGNUNG ALS SCHNITZHOLZ:

**Birkenholz ist hart, hell und gleichmäßig gemasert. Die Äste sind biegsam. Aus Birkenholz kannst du Besteck wie Göffel und Spieß schnitzen. Auch die Rinde ist vielseitig verwendbar.**

### DA FINDEST DU SIE:

**Birken besiedeln Kahlschläge, Waldlichtungen und Brachflächen.**

## DIE BUCHE

Buchen werden bis zu 35 m hoch und bilden ein Kronendach aus wechselständigen, eiförmigen Blättern. Hohe, zusammenstehende Buchen nennt man »Kathedrale des Waldes«. Junge Buchenblätter sind essbar, ebenso ihre Früchte, die Bucheckern. Die Rinde ist silbrig grau und glatt.

### EIGNUNG ALS SCHNITZHOLZ:

**Auch die Buche hat ein hartes Holz. Zum Schnitzen ist es eher etwas für Könner. Es eignet sich besonders gut für Steckverbindungen.**

### DA FINDEST DU SIE:

**Die Buche ist der häufigste Baum in unseren Wäldern. Du findest sie aber auch in Parks und Gärten.**

## DIE ERLE

Die Erle wird 20 bis 30 m hoch. Ihre Rinde ist bei jüngeren Ästen glatt und wird später rissig. Die Blätter sind rundlich bis verkehrt eiförmig. Sie blüht noch vor dem Laubausbruch. Im Herbst bilden sich kleine Zapfen, was für Laubbäume sehr ungewöhnlich ist.

### EIGNUNG ALS SCHNITZHOLZ:

**Erlenholz ist weich, leicht spaltbar und sehr gut zum Schnitzen geeignet. Frisch geschnitten ist es hell, beim Trocknen wird es rot wie ein Ziegelstein.**

### DA FINDEST DU SIE:

**Die Schwarzerle kommt häufig auf feuchten Plätzen, an Seen, in Sümpfen und an Bächen vor.**

## DIE HASEL

Die Hasel ist ein weitverzweigter Strauch, der bis zu 6 m hoch wird. Sie hat eine glatte, graubraune Rinde, die im Stamm Risse bekommen kann. Ihre Blätter sind 7 bis 12 cm groß, samtig behaart und eiförmig mit äußerer Spitze. Ihre Früchte sind die Haselnüsse.

### EIGNUNG ALS SCHNITZHOLZ:

**Aus den sehr geraden Ruten der Hasel kannst du praktisch alles schnitzen. Am leichtesten ist das mäßig harte Holz zu schnitzen, wenn es ganz frisch ist.**

### DA FINDEST DU SIE:

**Der Haselstrauch wächst an Waldrändern und auf Lichtungen, an Rainen und auf Weiden.**

## DER HOLUNDER

Der Holunder ist ein großer Strauch, der auch Baumgröße bekommen und bis zu 10 m hoch werden kann. Sein Stamm wird bis zu 20 cm dick. 5 bis 7 eiförmige, gesägte Einzelbätter ergeben ein Blatt. Im Frühjahr bildet er stark duftende Blütendolden aus.

### EIGNUNG ALS SCHNITZHOLZ:

**Holunderholz hat eine harte Rinde und einen weichen Kern – du kannst ihn leicht entfernen und aus dem Holz hohle Flöten oder Rohrleitungen schnitzen.**

### DA FINDEST DU IHN:

**Holunder wächst auf Weideplätzen, in schattigen Wäldern und in der Umgebung von Städten und Dörfern.**

## DIE WEIDE

Weiden können Sträucher oder Bäume sein, die bis zu 35 m hoch werden. Die Blätter sind meist schmal und spitz wie Lanzen, manchmal silbrig glänzend. Ihre Blüten, die »Kätzchen«, sind weich und puschelig. Am bekanntesten sind Trauerweide, Silberweide, Salweide und Korbweide.

### EIGNUNG ALS SCHNITZHOLZ:

**Weidenholz ist weiß und sehr weich. Die dünnen Zweige sind besonders biegsam. Du kannst damit Körbe und Ringe flechten.**

### DA FINDEST DU SIE:

**Weiden wachsen meist an den Ufern von Flüssen und Bächen. Nur die Salweide findest du auf Waldlichtungen.**

## DIE FICHTE

Eine Fichte wird bis zu 50 m hoch. Die rotbraune Rinde verwandelt sich im Alter in eine schuppenförmige braune Borke. Die dünnen, spitzen Nadeln haben einen braunen Stiel. Die Zapfen hängen an den Zweigen und fallen als Ganzes ab, wenn die Samen reif sind.

### EIGNUNG ALS SCHNITZHOLZ:

**Das Holz ist sehr harzig und weich. Es hat viele Äste, franst leicht aus und ist eher schlecht zu schnitzen. Aus den Baumspitzen kannst du viele Dinge basteln, zum Beispiel ein Florett.**

### DA FINDEST DU SIE:

**Die Fichte steht oft in Mischwäldern mit Buche und Eiche.**

## DIE TANNE

Die Nordmann-Tanne ist unser beliebtester Weihnachtsbaum. Sie wird bis zu 60 m hoch. Ihre glatte graue Borke schimmert durch Algenbewuchs oft grün. Die Nadeln sind breiter als Fichtennadeln und sitzen ohne Stiel direkt am Ast. Tannenzapfen stehen aufrecht auf den Zweigen und fallen nicht vom Baum.

### EIGNUNG ALS SCHNITZHOLZ:

**Tannenholz ist sehr grobmaserig und schwer zu schnitzen. Trotzdem kannst du tolle Gegenstände aus dem Weihnachtsbaum herstellen.**

### DA FINDEST DU SIE:

**Tannen wachsen nur auf der Nordhalbkugel, wo es weder zu kalt noch zu warm ist.**

## DIE KIEFER

Die Kiefer wird etwa 40 m hoch. Ihre Wuchsform kann ganz unterschiedlich sein, oft ist die Krone älterer Kiefern sehr ausladend. Die langen Nadeln sitzen paarweise an einem kurzen Trieb. Die Borke ist graubraun, bei älteren Bäumen unten rötlich braun. Das Holz hat eine rosaorange Färbung.

### EIGNUNG ALS SCHNITZHOLZ:

**Aus der Borke kannst du Tiere oder Boote schnitzen. Auch das Holz direkt unter der Rinde ist sehr weich.**

### DA FINDEST DU SIE:

**Kiefern sind anspruchslos: Sie wachsen auf sandigem, trockenem Boden, häufig an Küsten.**

# SCHNITZ-DIPLOM

FÜR: ..............................................................

MEINE TOLLSTE SCHNITZIDEE:

..............................................................

..............................................................

..............................................................

..............................................................

..............................................................

MEIN BESTER SCHNITZFREUND / MEINE BESTE SCHNITZFREUNDIN:

..............................................................

MEIN LIEBSTES SCHNITZHOLZ:

..............................................................

HIER SCHNITZE ICH AM LIEBSTEN:

..............................................................

..............................................................
ORT, DATUM

..............................................................
UNTERSCHRIFT